徜徉于传统文化中的语文教学

党月玲　著

延边大学出版社

图书在版编目（ＣＩＰ）数据

徜徉于传统文化中的语文教学 / 党月玲著. -- 延吉：
延边大学出版社, 2019.8
ISBN 978-7-5688-7595-0

Ⅰ. ①徜… Ⅱ. ①党… Ⅲ. ①中学语文课－教学研究
－高中 Ⅳ. ①G633.302

中国版本图书馆 CIP 数据核字(2019)第 199167 号

徜徉于传统文化中的语文教学

著　　者：党月玲
责任编辑：李宝珠
封面设计：河北畅志
出版发行：延边大学出版社
社　　址：吉林省延吉市公园路 977 号　　邮　　编：133002
网　　址：http://www.ydcbs.com　　E-mail：ydcbs@ydcbs.com
电　　话：0433-2732435　　传　　真：0433-2732434
制　　作：山东延大兴业文化传媒有限责任公司
印　　刷：北京建宏印刷有限公司
开　　本：787×1092　1/16
印　　张：14.5
字　　数：210 千字
版　　次：2019 年 8 月第 1 版
印　　次：2019 年 8 月第 1 次印刷
书　　号：ISBN 978-7-5688-7595-0

定价：65.00 元

前　言

随着我国社会经济的快速发展，人们对传统文化的理解和认知在不断地深化，渴望民族优秀传统文化回归的呼声也越来越高，党和国家也高度重视传承和弘扬中华民族优秀传统文化，并将建设社会主义文化强国作为实现中华民族伟大复兴的中国梦的重要组成部分。在人人重视优秀传统文化、人人弘扬优秀传统文化的大背景下，我们自然应在高中教育教学中不断进行中华民族优秀传统文化的渗透和传承，而高中语文作为和传统文化衔接最为紧密的学科之一，我们理应充分利用这种优势，将语文作为渗透和传承民族优秀传统文化的主阵地，让语文教学徜徉于传统文化之中，不断地在教学中强化高中学生对中华民族优秀传统文化的认知和理解，夯实他们的传统文化基础，有效提升他们的文化自信心和民族自信心，促进高中学生健康地发展和进步。

如何让语文教学徜徉于传统文化之中、如何在语文教学中渗透和较好地传承中华民族优秀传统文化，并使二者更好、更为有效地进行无缝地融合和衔接，已经成为近些年语文教育界的一个热门话题，而且也应当成为我们每一位高中语文教师认真思考和总结的一个重要问题。只有找到语文教学中传承和渗透传统文化的有效途径、有效策略，才能在语文教学中更为高效地进行传统文化的渗透和传承，提升高中语文课堂教学的效率和质量，让高中学生在传统文化的教学氛围中不断地提升自身的综合素养和综合能力，促进其人格的完善和健康的发展，并以此带动高中整体教学质量再上一个新的台阶。而本书的编写正是围绕着这些主要问题展开和叙述的，从而为高中教师在语文教学中弘扬和传承传统文化提供一些有益的经验借鉴及思路启迪。

在本书中，根据书写需要及读者的阅读习惯，笔者一共设置了五个章节的内容，首先对传统文化和高中语文教学中的一些具体概念及理论内容进行了仔细的阐述，如传统文化的概念、高中语文教材中的传统文化资源、传统文化与高中语文教学的关系、高中语文教学中弘扬传统文化的必要性等，让人们对传统文化及语文教学有一个初步的认识，为更深层次地了解这些内容打下坚实的基础；其次，笔者就传统文化视野下高中语文教学中遇到的困境与挑战进行了仔细的分析，如对教师的传统文化素养、教学目标的设置等进行了剖析，让人们对语文教学中弘扬传统文化遇到的一些问题有了较为全面的了解；再次，笔者以上一章节遇到的困境与挑战为基础，分两个角度对传统文化视野下高中语文课堂有效教学策略及课外延伸策略等进行了具体的阐述，给人们提供了有益的教学思路借鉴；最后，通过对一个教学案例的具体剖析，向人们清晰地展示了传统文化视野下高中语文教学的基本流程，具有很强的借鉴意义。

总而言之，在高中语文教学中弘扬和传承中华民族优秀传统文化具有较为重要的作用和意义，语文教师要全面强化自身的责任意识和担当精神，积极会同优秀的教师同行不断地探索和创新传统文化视野下高中语文有效教学的方法与策略，为学生较好地学习和掌握传统文化知识、接受传统文化教育、提升文化自信心创造良好的学习环境和学习氛围，促进其健康地发展和进步。

当然，由于笔者才能有限，书中难免会出现一些疏漏和不足，还希望读者朋友能不吝赐教，以集思广益，有效改进本书中存在的各种问题，不断完善本书的篇章结构、细节内容，更好地为高中语文教师在课堂教学中继承和弘扬民族优秀传统文化提供经验借鉴和思路启迪，促进高中学生对民族优秀传统文化的学习与传承。

目 录

第一章　传统文化和高中语文教学

本章主要阐述了传统文化和高中语文教学的一些概念、定义及相关理论知识，第一节介绍了文化与传统文化的概念界定，第二节系统地梳理和介绍了高中语文教材中的传统文化资源，第三节就传统文化和高中语文教学之间的内在关系进行了简要分析，第四节介绍了新课程标准关于传统文化教学的论述，第五节全面分析了在高中语文教学中弘扬和传承传统文化的必要性，从而在整体上研究了传统文化和高中语文教学的概念界定及内在联系。

第一节　文化与传统文化的概念界定

一、文化的概念

（一）"文"与"化"的考究

1.关于"文"

"文"又通"纹"，其本意为"各色交错的纹理"。如《易经·系辞下》中记载有"物相杂，故曰文"，《礼记·乐记》中记载有"五色成文而不乱"，《说文解字》中记载有"文，错画也，象交文"，《尚书·舜典》中记载有"经纬天地曰文"，而在此基础上"文"又衍生出很多引申义。其一，由最初特指各种象征符号演化为指代具体的文物典籍、礼乐制度。如《尚书·序》中记载有伏羲画八卦、造书契"由是文籍生焉"，《论语·子罕》中记载有"文王既没，文不在兹乎"。其二，由最初的纲常伦理之说逐渐发展为修饰、修养之义，与"质"相对。如《论语·雍也》中记载有"质胜文则野，文胜质则史，文质彬彬，然后君子"。其三，在以上两层意义的基础上，又可引申为"美、善及德行"之义。如《礼记·乐记》中记载有"礼减而进，以进为文"，《尚书·大禹谟》中记载有"文命敷于四海，祗承于帝"。

2. 关于"化"

"化"的本义为"造化、改易、生成"等，指事物性质或者形态的改变。如庄子《逍遥游》中记载有"化而为鸟，其名曰鹏"，《易经·系辞下》中记载有"男女构精，万物化生"，《黄帝内经·素问》中记载有"化不可代，时不可违"，《礼记·中庸》中记载有"可以赞天地之化育"等。而"化"又可引申为"教行迁善"之义，如教化。

（二）文化的起源

以上对"文"与"化"单个字符的历史演化过程进行了详细的考究，可以看出古籍中关于"文"与"化"字符的记载与描述具有时间早、内容多的特点，而"文化"一词也很早就出现在了中国古代的书籍记录之中，并伴随着历史的发展和演变逐渐赋予其丰富的内涵。究其起源，"文化"一词最早出现于西汉史学家刘向所创作的散文《说苑·指武》："圣人之治天下也，先文德而后武力。凡武之兴，为不服也；文化不改，然后加诛。"这段话指出了传统文化中"德主刑辅""先文后武"的基本思想，这是最早将"文"与"化"合在一起使用的典籍描述。而《文选·补之诗》中又记载有"文化内辑，武功外悠"等内容，这些都说明了"文化"一词古已有之，而西方中的"文化"一词多源于拉丁语中的"cultural"，其原义为"对土地的耕耘、改良"。

（三）文化的概念

"文化"是一个较为抽象的词语，其涵盖的内容非常广泛，迄今为止人们还没有对"文化"这个词语有一个统一而明确的定义。例如，《新编现代汉语词典》中对于"文化"的一种解释为："人类在社会历史发展过程中所创造的物质和精神财富的总和，特指精神财富，如文学、艺术、教育、科学。"梁漱溟先生对"文化"的定义为："文化是某一民族生活的样法。"陈独秀先生对"文化"的定义为："文化是文学、美术、音乐等具体的事。"而百度百科上对"文化"的定义为："文化是非常广泛和最具人文意味的概念，简单来说，文化就是地区人类的生活要素形态的统称，即衣、冠、文、物、食、住、行等，其是相对于政治、经济而言的人类全部精神活动及其活动产品。"

从以上给出的释义中，我们不难看出人们对文化概念的界定看法不一、各持己见，当然，这也并不妨碍人们对文化的讨论和研究，我们可以在总结以上释义的基础上，从广义和狭义两个角度对文化的概念进行"个人"界定。从广义上来讲，文化是指人类在社会历史实践过程中对物质财富和精神财富的创造活动、创造方式和创造成果的总和。由于人们生活实际与生活实践的复杂多样性，导致文化也相应地具有不同的内容、形式和层次。总之，它涉及人类社会生活从生产力到生产关系，从经济基础到上层建筑、意识形态的各个领域。而从狭义上来讲，文化仅仅指意识形态、精神文化以及与之相适应的制度及组织结构等领域。

二、传统文化的概念

（一）传统文化的概念

"传统文化"与"文化"类似，都是比较模糊和抽象的概念，学术界暂时没有统一而明确的说法，各家学派根据自己研究的方向，均对传统文化进行过表述，笔者就这些内容进行了搜集和整理，选择了一些具有代表性的人物及其表述进行详细说明。

梁国楹认为："所谓中国传统文化，是指在长期的历史发展过程中形成和发展起来的，保留在中华民族中间具有稳定形态的中国文化，包括思想观念、思维方式、价值取向、道德情操、礼仪制度、风俗习惯、行为方式、生活方式、宗教信仰、文学艺术、教育科技、文物典籍等。"

张岱年认为："1840 年以前的中国文化，即通常所说的中国传统文化，是指独具特色的语言文字、浩如烟海的文化典籍、嘉惠世界的科技工艺、精彩纷呈的文学艺术、充满智慧的哲学宗教、完备深刻的道德伦理等，这些核心要素构成了中国传统文化的基本内容。"

龚贤认为："中国传统文化是指中华民族在古老的华夏大地上所创造出来的具有恒久生命力的文化，是中华文明演化而汇集成的一种反映民族特质和风貌的民族文化，是中华民族历史上各种思想文化、观念形态的总体表征，是居住在中国地域内中华民族及其祖先所创造的、为后世继承和发展的、具有鲜明民族特色的传统优良文化。"

刘新科认为："中国传统文化是中华民族在中国本土上创造的文化，它从远古延续到今天，已有五千年的发展历史。其中，从夏、商、周以来至 1840 年前的这一大段属于中国传统文化的范畴，它是中华民族在特定的地理环境、经济形式、政治结构、意识形态的作用下，不断形成、演化和积淀，并为大多数人所认同而流传下来的中国古代文化，至今仍在影响着我们当代的文化。"

纵观上述几种说法，可见各位学者对中国传统文化内涵的见解不尽相同，这主要是由每位学者研究的角度和侧重点的不同所造成的。梁国楹所定义的"传统文化"内容侧重于中华民族在发展过程中所创造的具有稳定形态的精神财富和物质财富的总和；张岱年对"传统文化"的理解，则是历史上所存在的一切文化典籍、哲学宗教、科技工艺等；龚贤的"传统文化"概念，着重强调中华民族历史上所创造的具有生命力和民族特色的传统的优良的文化；刘新科则倾向于在时间上对"传统文化"界定。尽管如此，以上诸多观点的提出，终究从不同的角度和方面对"中国传统文化"的内涵作了有意义的探讨和分析，对我们认知中国传统文化具有较大的启发性和引导性。

笔者认为，所谓中国传统文化，是指中华民族在五千多年的历史进程与实践中孕育和衍生出的、具有生命活力和民族烙印、深厚璀璨的物质文化资源。经过几千年的演绎和扬弃，它始终滋润着每一个中华儿女，并已经融入了我们心理、思维、道德、审美、生产等一切生活中，发挥着程度不同、功能不一的社会效应，潜移默化地影响着每个人的思想及言行，也为我们民族的前进提供了强大的精神养分（当然，每个民族都有自己民族的传统文化，而本书中所涉及的传统文化特指中国的传统文化）。在时间跨度上从中国古代原始社会一直延续到封建社会末期的优秀文化，在空间的跨度上既包含中原民族文化，又包含边疆少数民族文化，而在内容组成上既包含物质文化，又包含精神文化，还包含一些社群文化，足以看出中华传统文化内容之广泛、内涵之丰富，这在世界上都是少有和罕见的，值得我们骄傲和自豪。

（二）传统文化的组成

中国传统文化博大精深，源远流长，在内容的组成上包罗万象，涵盖我们日常生活的方方面面。以下笔者将以张岱年先生的观点为基础，对中华民族传统文化的内容组成进行详细的阐述。其一，独具特色的语言文字。汉语是迄今为止我们人类连续使用时间最长、使用人口最多、最为独特的语言，其中，上古汉语最远可以追溯到夏朝，而如今汉语已经成为国际通用语言之一，使用汉语的人口更是已经超过了 15 亿，遍布世界各地，约占世界总人口的 20%。另外，我国灿烂的语言文化还包含傣语、侗语、黎语、彝语、苗语、藏语、壮语、瑶语等，它们和汉语都是亲属语言，这些语言也无疑是世界文化库中的一朵朵浪花和瑰宝。其二，浩如烟海的文化典籍。中国的古典书籍浩如烟海、包罗万象，涉及人类文化及生活的方方面面，记录着历史的演变与更替，传递着人类的文明与智慧。例如，"四书"——《论语》《孟子》《大学》《中庸》，"五经"——《诗经》《尚书》《礼记》《周易》，四大名著——《红楼梦》《三国演义》《西游记》《水浒传》，此外还有《孙子兵法》《史记》《全唐诗》等，不胜枚举，这些文化古籍至今仍然在流传和推广，发挥着其独特而无法被代替的作用。其三，嘉惠世界的科技工艺。从秦汉到宋元再到明清（前期），我国的科技在世界上一直处于遥遥领先的位置，像四大发明、天文历法、医学、农学、军事等方面，无一不让世界各国瞩目。其四，精彩纷呈的文学艺术。像唐诗、宋词、元曲及书法、雕塑、戏曲、绘画、音乐、楹联等历史悠久的中华传统艺术，直到今天依然有着较强的感染力和生命力。其五，充满智慧的哲学宗教。哲学方面，主要包括上古哲学、诸子哲学、封建哲学等，无一不在昭示着中华传统文化的智慧。其六，完备深刻的道德伦理。或者说是"百花齐放""百家争鸣"的学术思想，这是传统文化中最为核心的内容，如以"仁"为本的孔孟之道、朴素辩证的老庄思想、"兼爱""非攻"的墨家学说以及"循名责实，信赏必罚"的法家学说等，这些哲学思想和学说，既展示了中华民族无穷的智慧，又塑造了中华民族的灵魂与品格。此外，中华传统文化还包含细致入微的礼仪文化、令人叹为观止的建筑文化等，可以说，内容相当广泛，覆盖了生活的各个方面。

第二节　高中语文教材中的传统文化资源

人教版高中语文教材必修1～5中的选文较为广泛，既包括我国古代一些经典的名著与篇章，如史学、歌赋、小说、戏剧、经学、唐诗、宋词等，又包括近现代的一些篇章，如沈从文的《边城》、毛泽东的《沁园春·雪》、鲁迅先生的《祝福》等，这些篇章内容中蕴含着较为丰富的传统文化元素，笔者经过精心梳理，从多个角度对这些传统文化内容篇章进行了划分和解读。

一、从整体上对高中教材中传统文化篇目进行梳理

（一）高中教材中传统文化篇目统计

经过梳理和研究，我们对人教版教材中包含的传统文化篇目、所涉及的传统文化元素、教学的提要进行了全面地分析和梳理，总结出从必修1到必修5的阅读鉴赏部分一共分为二十个单元，合计65篇文章。其中，传统文化篇章约36篇，所占篇幅达55%左右，第一册中第二单元包含3篇，共3篇；第二册中第二单元包含4篇，第三单元包含有3篇，共7篇；第三册中第一单元包含1篇，第二单元包含4篇，第三单元包含4篇，共9篇；第四册中第一单元包含1篇，第二单元包含4篇，第四单元包含3篇，共8篇；第五册中第一单元包含1篇，第二单元包含4篇，第

三单元包括 3 篇，第四单元包含 1 篇，共 9 篇。从中我们可以出，随着年级的增长，教材中所包含传统文化篇目的数量整体上呈逐渐增加的态势，难度和深度在增大，所涉及的范围也在不断地扩大，也可以看出人教版高中语文教材在编写中对传统文化的重视程度，具体分析见表 1-1 至表 1-5。

表 1-1 人教版教材必修 1 中所包含传统文化因素的篇章

篇目	所在单元	传统文化因素	教学提要
《烛之武退秦师》	第二单元	①选自我国第一部详细完整的编年体历史著作《左传》，历代散文的典范；②作为高中文言文学习的第一篇，学生开始更深入地学习古代汉语，学习文言文，直观感受中国古代语言的特征和魅力，同时体会作品中蕴含的中华民族精神；③烛之武临危受命，不计个人恩怨，以国家利益为重，这充分体现着维护国家安全的爱国精神以及爱好和平与团结的民族精神	①拓展延伸，了解《左传》；②在文学史上的地位；③分角色朗读、表演；④补充一定量的篇目加以阅读
《荆轲刺秦王》	第二单元	荆轲不畏强暴、不怕牺牲，在国家多事之秋挺身而出、不避艰险的精神和气概	①课本剧改编和表演；②以文章为基础，查阅相关资料，评价人物
《鸿门宴》	第二单元	①选自司马迁《史记》；②涉及大量古代文化常识	①课堂上重视朗读，补充阅读资料；②寻访古迹，研学之旅，创作剧本，表演；③研究性学习：古代玉器名称

表 1-2　人教版教材必修 2 中所包含传统文化因素的篇章

篇目	所在单元	传统文化因素	教学提要
《诗经两首》	第二单元	①中国文学运用现实主义创作手法的开端； ②对后世文学产生的深远影响	①诗歌诵读、散文化改写； ②《诗经》整本阅读
《离骚》	第二单元	①中国文学运用浪漫主义创作手法的开端； ②对后世文学产生的深远影响； ③古老的诗歌形式"楚辞"； ④真正理解"伟大的爱国"精神	①文化活动：搜集《楚辞》中屈、宋作品中所涉及的历史传说、神话故事、风俗习尚等； ②论文写作：为什么说屈原是"伟大的爱国主义"诗人
《孔雀东南飞（并序）》	第二单元	中国古代第一篇长篇叙事诗	①诗歌诵读； ②诗歌的小说化创作、剧本改编； ③文学体验：课本剧
《诗三首》之《涉江采芙蓉》	第二单元	①选自《古诗十九首》； ②古代农业社会、人的亲密关系被阻截； ③中国诗词中的别离主题	①《古诗十九首》名篇摘抄、记诵、赏读； ②了解东汉后期没落时代风貌在中下层士子思想情绪方面的反映； ③离别主题诗歌探究
《诗三首》之《短歌行》	第二单元	①建安时代杰出名作； ②健康积极的情调和内容，充满进取精神	①吟唱感受； ②建安文学研究学习； ③英雄历史人物诗歌辑录
《诗三首》之《归园田居》（其一）	第二单元	①田园诗歌； ②质性自然的人生志趣	陶渊明诗作专题研究

表 1-2　人教版教材必修 2 中所包含传统文化因素的篇章（续）

《兰亭集序》	第三单元	①书法名篇，统绘画、诗赋、楹联、书法等相互交融，诗书画一体的艺术传统； ②中国古代思想中的生死之情	①书法临摹：开设一次系列练字活动，临摹，评优，装裱； ②探究文学作品中的"生命"主题
《赤壁赋》	第三单元	①宋代文赋； ②变化与永恒的辩证哲理	①诵读； ②宋代文赋阅读专题； ③古代生命观、宇宙观探究
《游褒禅山记》	第三单元	"志""力""物"与古人"治学、为人、做事"	主题写作

表 1-3　人教版教材必修 3 中所包含传统文化因素的篇章

篇目	所在单元	传统文化因素	教学提要
《林黛玉进贾府》	第一单元	选自中国古典文学巅峰之作《红楼梦》	①课堂导读与课外共读促进整本书阅读； ②做读书摘录，观看影视剧目
《蜀道难》	第二单元	李白的成名之作	①重视诵读，体会浪漫奇绝、凛然成风； ②李白作品专题研读
《杜甫诗三首》之《秋兴八首》（其一）	第二单元	抒羁旅之愁，悲家国之事	①重视诵读，吟唱； ②比较阅读：纵向比较杜甫不同时期的作品风格，横向比较杜甫晚年律诗创作； ③了解杜甫组诗的形式以及咏物抒情的特点； ④主题研读：怀古诗
《杜甫诗三首》之《咏怀古迹》（其三）	第二单元	怀古诗主题	
《杜甫诗三首》之《登高》	第二单元	生命意识与家国情怀	

表 1-3　人教版教材必修 3 中所包含传统文化因素的篇章（续）

《琵琶行（并序）》	第二单元	①文人创作的长篇叙事诗； ②关心国计民生的赤子之心，因冲撞打击而压抑苦闷	①朗诵，改编歌剧； ②比较阅读、宏观研讨：民歌作品和文人创作的叙事诗有何不同； ③研究性学习：中国古典名曲、中国古典乐器
《李商隐诗两首》之《锦瑟》	第二单元	李商隐诗集的压卷之作	自由研讨：众说纷纭的《锦瑟》
《李商隐诗两首》之《马嵬（其二）》	第二单元	咏史诗中的佳作	①专题阅读：咏史诗； ②同题材作品阅读； ③李商隐作品阅读
《寡人之于国也》	第三单元	孟子的仁政思想和主张	①分角色朗读； ②链接选修教材《孟子》选读，更全面地了解孟子思想
《劝学》	第三单元	①荀子思想； ②古人的思想智慧：关于学习	①诵读； ②研讨：荀子思想的承继、借鉴和补充
《过秦论》	第三单元	家国情怀：对国家和社会发展的关心	诵读（注意文言文诵读的指导）
《师说》	第三单元	不顾流俗、敢为时代发声，提出进步的"师道"思想	①诵读； ②拓展补充，体会"师说"思想提出的伟大之处； ③韩愈论文选读

表 1-4　人教版教材必修 4 中所包含传统文化因素的篇章

篇目	所在单元	传统文化因素	教学提要
《窦娥冤》	第一单元	元杂剧	①剧本改编与课本剧展演； ②元杂剧知识积累与拓展阅读； ③影视片段欣赏
《柳永词两首》	第二单元	①古文文学高峰：宋词 ②柳永慢词	①宋词发展概述（梳理）拓展阅读相关书目； ②吟诵（唱）； ③诗词谱曲《雨霖铃》改写
《苏轼词两首》	第二单元	①豪放派词风； ②中国古代知识分子出世与入世的精神矛盾，透露着"消极其表、积极其里"的豪放旷达的人生态度	①诵读； ②指导学生尝试比较阅读，理解作家特定时期的作品思想和价值； ③豪放词专题阅读
《辛弃疾词两首》	第二单元	①宋词； ②时代呼唤英雄，由南宋到当今时代的爱国精神	①阅读指导：了解作者的时代背景、生平经历和当时处境,把握作品； ②补充阅读：鉴赏名篇； ③诵读
《李清照词两首》	第二单元	①婉约派词风； ②闺怨词主题	①开展李清照词作专题阅读与研究； ②拓展补充婉约派词作； ③诵读吟唱

表1-4　人教版教材必修4中所包含传统文化因素的篇章（续）

篇目	所在单元	传统文化因素	教学提要
《廉颇蔺相如列传》	第四单元	①秦汉时期辉煌的文化成果《史记》；②"先国家之急而后私仇"的崇高精神，"忠于国家、勇于改错""不畏强暴、威武不屈"的优秀品质	①分片段分角色诵读；②片段表演；③《史记》专题阅读
《苏武传》	第四单元	①《汉书》成就；②弘扬爱国主题；③爱国志士的光辉形象——富贵不能淫，威武不能屈	①与《廉颇蔺相如列传》进行比较阅读；②专题探讨：节气；③文学体验：课本剧
《张衡传》	第四单元	①大量的古代文化常识：史书体例、职官制度等；②人物高尚的品德	①识记积累文化常识；②梳理人物年表

表1-5　人教版教材必修5中所包含传统文化因素的篇章

篇目	所在单元	传统文化因素	教学提要
《林教头风雪山神庙》	第一单元	①优秀古典小说；②中国古代小说：重描写、重故事	①《水浒传》相关章回研读；②精选段落研读；③影视片段欣赏；④探究学习：英雄
《归去来兮辞（并序）》	第二单元	①辞赋；②古代归隐现象	①诵读；②再次认识陶渊明
《滕王阁序》	第二单元	①骈体文；②生命观的思考；③楹联文化	①诵读；②滕王阁楹联摘录
《逍遥游》	第二单元	《庄子》名篇，阐述庄子追求绝对精神自由的思想观点	①诵读；②查阅资料：初步了解庄子思想，了解庄子全貌

表 1-5　人教版教材必修 5 中所包含传统文化因素的篇章（续）

《陈情表》	第二单元	①抒情名篇； ②中华民族传统美德：忠、孝 表文	①配乐朗读； ②小作文：小议"忠" 和"孝"； ③"表文"文体拓展阅读
《咬文嚼字》	第三单元	①文艺随笔； ②"一字不肯放松的谨严"精神	随感而发写作
《说"木叶"》	第三单元	诗歌语言的特征	搜集材料、恰当举例
《谈中国诗》	第三单元	了解中国诗的基本特征	①阅读指导：理清行文思 路和脉络； ②资料补充，带领学生走 进图书馆查阅资料
《中国建筑的 特征》	第四单元	传统建筑	①阅读指导：理清行文思 路和脉络； ②资料补充，带领学生走 进图书馆查阅资料

（二）高中教材中传统文化要素分析

按照传统的划分，将教材中传统文化部分划分为语言文学典范、道德文化内涵、人生观价值观、隐士文化精神、政治文化内涵、军事文化内涵、经济文化内涵、民俗文化内涵、建筑文化内涵共九个部分。但我们也应该考虑到语文教材具有较强的教学与原生价值，二者存在着既对立又统一的特殊关系，如果我们拿到一篇文章，按照其原生价值来分类和判断，可能会将其划分在语言文学的典范中，但如果我们按照其教学的价值来分，该篇文章可能还会包含人生价值观的内涵。另外，一篇文章还有可能包含若干个主题，它可能既包括军事文化内涵，又包括政治文化内涵，还包括政治文学典范。例如，对于《烛之武退秦师》这篇文章而言，文章的主人公"烛之武"运用其冷静的头脑与犀利的口才巧妙地化解了郑国所遇到的危机，从语言的角度我们可以将其划分到"语言文学"的范畴,同时这篇文章还介绍了郑、秦、晋三国的政治军事状况背景,而烛之武不怕危险努力去跟秦朝周旋,又体现了其爱国情感。又如,《劝学》这篇课文,我们不单单感受到的是其语言的优美,文章中不仅运用了大量的比喻,同时还运用了许多短句、排比和对举的句式,"青,取之于蓝,而青于蓝;冰,水为之,而寒于水","骐骥一跃,不能十步;驽马十驾,功在不舍。锲而舍之,朽木不折;锲而不舍,金石可镂"……从语言的角度来说,可以划分到语言文学典范当中,但是通过文章所包含的内涵,我们可以看出荀子的学习观和价值观,"故木受绳则直,金就砺则利,君子博学而日参省乎己,则知明而行无过矣",阐述了学习对于提高人的道德修养、人格魅力的重要作用,同时还展现了荀子唯物论的人生观。可见,将选篇独立地分类到某一个具体的范畴内是很困难的,为了更加清晰地展现文章所包含的主题,我们结合表格对每一篇课文进行了较为详细的分析。具体分析见表 1-6。

表 1-6 人教版选篇中传统文化的要素分析

序号	选文		语言文学	道德文化	价值观	隐士文化	政治文化	军事文化	经济文化	民俗文化	建筑文化
1	《烛之武退秦师》		√	√			√	√			
2	《荆轲刺秦王》			√			√				
3	《鸿门宴》						√	√			
4	《诗经两首》	《氓》	√	√							
		《采薇》	√				√	√			
5	《离骚》		√	√	√		√				

表1-6 人教版选篇中传统文化的要素分析（续）

6	《孔雀东南飞（并序）》		√					√	
7	《诗三首》	《涉江采芙蓉》	√						√	
		《短歌行》	√		√		√			
		《归园田居》	√		√	√				
8	《兰亭集序》								√	
9	《赤壁赋》			√						
10	《游褒禅山记》			√						
11	《林黛玉进贾府》									√
12	《蜀道难》		√							
13	《杜甫诗三首》		√			√				
14	《琵琶行（并序）》		√						√	
15	《李商隐诗两首》		√		√					
16	《寡人之于国也》			√	√		√		√	√	
17	《劝学》		√	√						
18	《过秦论》					√	√			
19	《师说》			√	√					
20	《窦娥冤》		√						√	
21	《柳永词两首》		√							

表 1-6　人教版选篇中传统文化的要素分析（续）

22	《苏轼词两首》	√	√						
23	《辛弃疾词两首》	√	√						
24	《李清照词两首》	√							
25	《廉颇蔺相如列传》		√			√	√		
26	《苏武传》		√			√	√	√	
27	《张衡传》		√			√			
28	《林教头风雪山神庙》					√			
29	《归去来兮辞（并序）》	√		√	√				
30	《滕王阁序》	√							√
31	《逍遥游》			√	√				
32	《陈情表》		√						
33	《咬文嚼字》	√							
34	《说"木叶"》	√							
35	《谈中国诗》	√							
36	《中国建筑特征》								√

从表 1-6 中我们可以明显看出：在这 36 篇传统文化篇目中，涉及"语言文学"要素的篇目占了 22 篇，所占比例为 61%；涉及"道德文化"要素的篇目占了 14 篇，所占比例为 38%；涉及"人生观价值观"要素的篇目占了 10 篇，所占比例为 28%；涉及"隐士文化"的篇目占了 3 篇，所占比例为 8.3%；涉及"政治文化"要素的篇目占了 13 篇，所占比例为 36%；涉及"军事文化"要素的篇目占了 6 篇，

所占比例为 17%；涉及"经济文化"要素的篇目占了 1 篇，所占比例为 2.8%；涉及"民俗文化"要素的篇目占了 7 篇，所占比例为 19%；涉及"建筑文化"要素的篇目占了 3 篇，所占比例为 8.3%，这些都是需要我们在弘扬与传承传统文化的过程中去了解和认知的。

二、从物质与文化类型视角对高中教材中传统文化篇目的梳理

（一）必修教材中物质类型和非物质类型传统文化选篇统计

经过研究和分析，我们得出，高中人教版教材选篇中的传统文化元素既包含物质文化，又包含非物质文化，其中，蕴含物质文化因素的选文有 22 篇，蕴含非物质文化因素的选文有 22 篇，二者在选篇的数量上是相同的，而所涉及的传统文化种类高达十二类之多，对此笔者进行了全面具体的分析与统计，详情见表 1-7、表 1-8。

表 1-7　人教版高中语文必修教材中物质类型传统文化选篇统计

序号	选文	传统文化形态	传统文化元素	选篇数量
1	①《鸿门宴》 ②《李清照词两首》 ③《柳永词两首》 ④《苏轼词两首》 ⑤《短歌行》 ⑥《赤壁赋》 ⑦《琵琶行（并序）》 ⑧《辛弃疾词两首》 ⑨《林教头风雪山神庙》 ⑩《林黛玉进贾府》	饮食文化	饮食器具	10

表1-7　人教版高中语文必修教材中物质类型传统文化选篇统计（续）

2	①《林黛玉进贾府》 ②《滕王阁序》 ③《中国建筑的特征》	传统建筑	古代园林 亭台楼阁	3
3	①《孔雀东南飞（并序）》 ②《赤壁赋》 ③《李商隐诗两首》 ④《琵琶行（并序）》 ⑤《廉颇蔺相如列传》	乐文化	乐器	5
4	①《张衡传》	古代科技	地动仪	1
5	①《祝福》 ②《林黛玉进贾府》	楹联艺术	对联	2
6	①《记梁任公先生的一次演讲》	精美器物	文房四宝之宣纸	1

表1-8　人教版高中语文必修教材中非物质类型传统文化选篇统计

序号	选文	传统文化形态	传统文化元素	选篇数量
1	①《边城》 ②《祝福》 ③《兰亭集序》 ④《孔雀东南飞（并序）》	传统节日文化	乞巧节 中秋节 上巳节 端午节 春节	4
2	①《诗经两首》 ②《边城》 ③《祝福》	民俗文化	民俗、婚俗	3

表 1-8　人教版高中语文必修教材中非物质类型传统文化选篇统计（续）

3	①《陈情表》 ②《沁园春·长沙》 ③《烛之武退秦师》 ④《荆轲刺秦王》 ⑤《廉颇蔺相如列传》 ⑥《杜甫诗三首·登高》 ⑦《寡人之于国也》 ⑧《苏轼词两首》 ⑨《辛弃疾词两首》 ⑩《苏武传》 ⑪《归去来兮辞（并序）》 ⑫《逍遥游》	思想文化	孝文化、爱国主义精神、隐士文化精神、儒家仁爱思想	12
4	①《祝福》 ②《过秦论》	古代信仰	君师圣贤	2
5	①《窦娥冤》	古代戏曲	元杂剧	1

（二）必修教材中物质类型和非物质类型传统文化选篇分析

1. 从选篇内容上分析

（1）必修教材中物质类型传统文化选篇分析

①饮食文化

在我国古代，人们一直强调饮食的重要性，有"民以食为天"之说，而且饮食文化和人们的生活联系较为紧密，我国的饮食文化源远流长，内涵极其丰富。

第一，酒文化。酒文化作为一种较为独特的文化载体形式，在我国有着较为悠久的历史，在中国文学史上占有很高的地位。不少的文人墨客、骚人韵士都借酒抒情、饮酒作对，留下了许多脍炙人口的诗词歌赋及名篇佳作，因此许多作品中都包含酒的影子。如《短歌行》中一代枭雄曹操借酒抒发招揽天下英才的豪情壮志；《柳永词两首》《琵琶行（并序）》《李清照词两首》《苏轼词两首》《辛弃疾词两首》篇章中都借助酒来抒发自己内心的愁绪；《赤壁赋》中苏轼借用酒来招待宾朋好友；而《鸿门宴》中更是借酒设席，上演了一幕幕精彩的政治和军事斗争；《林教头风雪山神庙》中借林冲的大口饮酒，来塑造了其豪迈爽朗、不拘小节的人物形象。

第二，茶文化。世界的饮茶文化发源于中国，中国的茶文化也历史悠久、内涵丰富，如通过白居易的《琵琶行（并序）》中"商人重利轻别离，前月浮梁买茶去"的句子，可见贩茶生意在唐代已有不少的商人在经营了；《林黛玉进贾府》中黛玉初见熙凤，"熙凤亲为捧茶捧果"，黛玉拜访王夫人，后者房内丫鬟忙捧茶招待，到这里，体现出的都是茶的待客功用，到了晚饭之后，众人先用漱口茶漱口之后方饮吃的茶，这时的饮茶就非常具有仪式感，是谓"茶道"，也从侧面说明了茶在中国古代的重要作用和地位。

②乐文化

乐文化在中国古代的地位丝毫不亚于饮食文化，相传周公"制礼作乐"，将"礼"和"乐"并列作为维护奴隶主统治秩序的两大支柱。人教版必修教材中的选文包含的乐文化内容通常为中华民族的传统乐器。如《孔雀东南飞（并序）》中的"十四学裁衣，十五弹箜篌"中的箜篌即为我国古代较为常见和重要的弹弦乐器；《赤壁赋》中的"其声呜呜然"的哀怨声音是由洞箫所传出来的，这也是我国古代的重要乐器；《锦瑟》和《廉颇蔺相如列传》中的"瑟"常常与"琴"合称为"琴瑟"一词，该词又衍生出新的内涵，如"琴瑟和谐"表示夫妻之间的感情较为融洽和谐，但这不在我们本书的讨论范围之内；《琵琶行（并序）》中的琵琶，其种类非常繁多，其中一类是由中国古乐器演变而出的秦琵琶，还有一类是隋唐时盛极一时的曲项琵琶，该类型的琵琶在南北朝时从西域传入。

③传统建筑

中国的传统建筑带有明显的民族特色，有较高的辨识度。如《林黛玉进贾府》中的宁国府"街北蹲着两个大石狮子，三间兽头大门"，东西两角门，内里亭台楼阁极尽人间繁华。此外，《滕王阁序》及《中国建筑的特征》等也都有具体的描述。

④精美器物

这里主要是指在《记梁任公先生的一次演讲》中出现的"宣纸"。中华文化传承的重要载体之一"纸"，其与笔、墨、砚合称"文房四宝"。宣纸是专供书画创作与古籍印刷使用的纸，因原产地为安徽泾县，古属宣州管辖，故称为"宣纸"。

⑤楹联艺术

楹联又叫"对联"，春节贴于门上称其为"春联"，其对仗工整，是我国特有的一种文化艺术。体现在选文中的主要有《林黛玉进贾府》《祝福》两篇。前者为黛玉在荣府所看到的乌木联牌对联"座上珠玑昭日月，堂前黼黻焕烟霞"，对联将荣府的荣华富贵尽收其中。而《祝福》中的对联则为春节时所贴，被称为"春联"。

⑥古代科技文化

从秦汉到宋元的千余年间，中国科技长期处于世界领先地位。中国古代的天文学十分发达，不仅成就高，而且普及程度广。汉代天文学家张衡创制了"浑天仪"和"候风地动仪"，其专著《灵宪》更是提出了"宇之表无极，宙之端无限"的科学见解，这在《张衡传》中均有较为详细的表述，可见我国古代科技之发达。

22

（2）必修教材中非物质类型传统文化选篇分析

①民俗文化

《诗经·氓》中提及了古代婚俗。古人认为婚姻是"上以事宗庙，下以继后世"的大事，为此结婚必须要经过"父母之命、媒妁之言"，而媒人的产生最早约为周代，故而，《诗经·氓》有云"匪我愆期，子无良媒"，从周代起，规定嫁娶时需行"六礼"，即纳彩、问名、纳吉、纳征、请期、亲迎。

《边城》一文中蕴含了丰富的湘西民俗文化，如"吊脚楼"这类具有地方特色建筑物及端午节时将鸭子放到河里谁捉到就是谁的，这种做法就是将传统的民族节日地方化了，更加接地气，更加显示出当地的风土人情。

②传统节日文化

沈从文在《边城》写道："边城所在一年中最热闹的日子，是端午、中秋和过年。"其中有关端午节的描写最多，如端午日，当地妇女、儿童穿新衣，额角上用雄黄蘸酒画个"王"字，活动有划船、追赶水里的鸭子等，场面热闹非凡；到了中秋节的时候，除了赏月，还会组织男女对唱情歌活动。在《祝福》中也有关于春节的描写，如"杀鸡、宰鹅、卖猪肉"，贴春联祈求来年的好运气。《兰亭集序》的描写："永和九年，岁在癸丑，暮春之初，会于会稽山阴之兰亭，修禊事也。"这里"修禊"是一种祭礼，也叫"禊祭"，古时以三月上旬的"巳"日为修禊日，称为"上巳节"，这一日人们到水边洗濯、嬉戏以求祈福消灾。《孔雀东南飞（并序）》中写道："初七及下九，嬉戏莫相忘。"这里的"初七"指农历七月七日，旧时妇女在这一天晚上乞巧，称为"乞巧节"，又称"七夕"，这一节日源于《牛郎织女》的传说。

③思想文化

思想文化是一个较为宽泛的范畴，其内涵较丰富。本书就教材中所涉及的思想

23

文化进行简单论述。

首先，中国古代社会是一种伦理型的社会，强调纲常伦理，崇尚孝道，形成了一种独特的文化。中国孝文化源远流长，李密在《陈情表》里言辞恳切，表达了对祖母刘氏的一片孝心，这种对长辈的孝顺，值得青少年学习。

其次，爱国主义精神是中华民族精神的核心，是历经数千年的历史积淀而形成的对祖国的深厚热爱之情。文学作品中常常可见其身影，如《沁园春·长沙》中，作者通过对祖国壮美山河的歌颂赞美，表达了对祖国的热爱之情；《烛之武退秦师》中，烛之武在自己的国家——郑国面临秦、晋合攻的危难面前，以一己之身前往强秦交涉，通过自己的智慧，使秦国退兵，化解了国家危机；《荆轲刺秦王》体现了荆轲重义轻生、反抗暴秦、勇于为祖国牺牲小我的精神；《苏武传》中的苏武"富贵不能淫，威武不能屈"，坚持民族气节，是一名爱国志士；现实主义诗人杜甫，一生忧国忧民，在《登高》中，他将生活的艰辛与国家的不幸结合起来，体现了深沉苍凉的忧国之情；《水龙吟·登建康赏心亭》中的"可惜流年，忧愁风雨"抒发了对风雨飘摇中的国家命运的担忧；《永遇乐·登京口北固亭怀古》同样也表达了作者一心报效祖国的爱国情感。

再次，中国古代多隐士，隐士多文人，与儒家提倡"学而优则仕"的入世主张不同，有一部分文人喜爱做隐士，隐士文化是中国历史上的一道独特风景，它是古代知识分子"独善其身"的高洁人格体现。陶渊明是中国文学史上最有名的隐士之一。他的《归去来兮辞（并序）》作为其传世名篇，"形象地再现了一代隐士生活的心路历程，是我们探究中国古代隐士文化的一个重要窗口"。《逍遥游》《定风波·莫听穿林打叶声》等都在一定程度上反映了作者避世、归隐的思想。

最后，《寡人之于国也》中孟子提出"王无罪岁，斯天下之民至焉"，体现了儒家学派的仁政爱民思想。中国的戏曲是一种综合性的表演艺术，历史悠久，起源于原始乐舞。元杂剧是元代用北曲演唱的传统戏曲形式，是我国传统戏曲文化的内容之一。《窦娥冤》作为"元曲四大家"之一关汉卿的代表作，出现在高中语文必修教材中，可以让学生感受中国传统戏曲艺术之美。

2. 从选篇体裁上分析

（1）物质类型传统文化选篇体裁分析

笔者通过对人教版高中语文教材必修 1 至必修 5 中蕴含物质类传统文化内容的选篇的进一步分析发现，这些选篇在文学体裁上具有一定的相似性和相通性。根据统计发现，主要涉及诗歌、散文、小说、科学小论文、人物传记五种类型的文学体裁，由此笔者进一步列举出了每一体裁所对应的选篇数量，详情见表 1-9。

表 1-9　物质类型传统文化选篇体裁分析

体裁	教材					
	必修 1	必修 2	必修 3	必修 4	必修 5	总计
诗歌		①《短歌行》②《孔雀东南飞（并序）》	①《琵琶行（并序）》②《李商隐诗两首》	①《柳永词两首》②《苏轼词两首》③《辛弃疾词两首》④《李清照词两首》		8
散文	①《鸿门宴》②《记梁任公先生的一次演讲》	①《故都的秋》②《赤壁赋》			①《滕王阁序》	5

25

表 1-9　物质类型传统文化选篇体裁分析（续）

小说			①《林黛玉进贾府》②《祝福》	①《林教头风雪山神庙》	3
科学小论文				①《中国建筑的特征》	1
人物传记			①《廉颇蔺相如列传》②《张衡传》		2

人教版高中语文必修教材所包含的物质类型传统文化选篇在体裁上较为丰富，不仅有常见的现代文、文言文、现代诗歌、古代诗歌，而且还出现了人物传记以及科学小论文这两类较为新颖的文学体裁。为了方便划分和便于读者阅读，笔者将现代散文与古代文言文散文统一划分到散文这一大类中。同样的，笔者将现代新诗与古代诗歌统一划分到诗歌这一大类中。我们从表 1-9 中可以看出，高中语文必修教材中的物质类型传统文化相关选文体裁以诗歌为主，有 10 篇之多，而且这 10 篇诗歌基本都是古代的诗歌。居于第二位的是散文和小说，其中，散文有 5 篇，小说有 3 篇，在这三篇小说中只有一篇是现代小说，即《祝福》。其余的是人物传记与科学小论文，有 2 篇人物传记，1 篇科学小论文。综上可知，在体裁上，诗歌尤其是古代诗歌中蕴含的传统文化内容最多，其次是散文。需要注意的是，现代的诗歌与小说中同样可能蕴含传统文化的内容，传统文化不只有存在于诗歌与文言文中。

（2）非物质类型传统文化选篇体裁分析

笔者通过对人教版高中语文教材必修 1 至必修 5 中蕴含非物质类型传统文化内容的选文的进一步分析发现，这些选文在文学体裁上同样具有相似性。统计发现，主要涉及诗歌、散文、小说、戏剧、人物传记五类文学体裁，由此进一步列举出了每一体裁所对应的选篇数量，详情见表1-10。

表1-10　非物质类型传统文化选篇体裁分析

体裁	教材					
	必修1	必修2	必修3	必修4	必修5	总计
诗歌	①《沁园春·长沙》	①《诗经（两首）》 ②《孔雀东南飞（并序）》 ③《诗三首》	①《杜甫诗三首》	①《苏轼词两首》 ②《辛弃疾词两首》		7
散文	①《烛之武退秦师》 ②《荆轲刺秦王》	①《兰亭集序》	①《寡人之于国也》 ②《过秦论》		①《归去来兮辞（并序）》 ②《逍遥游》 ③《陈情表》	8
小说			①《祝福》		①《边城》	2
戏剧				①《窦娥冤》		1
人物传记				①《廉颇蔺相如列传》 ②《苏武传》		2

人教版高中语文必修教材中非物质类型的传统文化选篇的体裁同样丰富。不仅有常见的散文、诗歌、小说，而且出现了人物传记及戏剧这两类较为少见的文学体

裁。为了方便划分，便于阅读，笔者将现代散文与古代文言文散文统一划分到散文这一大类中。同样的，笔者将现代新诗与古代诗歌统一划分到诗歌这一大类中。由表 1-10 可以看出，高中语文必修教材中的非物质类型的传统文化相关选文体裁以散文为主，共计八篇选文。其次是诗歌，共计七篇散文。其中，《沁园春·长沙》为现代新诗，余下四篇均为古代诗歌。就古代诗歌本身而言，唐诗、宋词本身就是中华文化宝库中独有的瑰宝，更不必说其中蕴含的传统文化内容了。较之现代普遍使用的白话文，文言文本身就是一种传统文化。选文中有两篇现代小说中蕴含传统文化元素，分别是鲁迅的《祝福》与沈从文的《边城》。在现当代文学作品中出现传统文化的身影，足可见我国传统文化博大精深、无处不在、无时不有的特点。此外，中国的传统戏剧有一个独特的称谓——戏曲。我国的戏曲文化是世界三大古老戏曲文化之一。通过关汉卿的《窦娥冤》，学生可以对这种传统文化有所了解。通过人物传记《苏武传》，将苏武对祖国的忠贞传达给学生。综上，可以看到在体裁方面，古代文学作品尤其是诗词歌赋、文言散文等，其中蕴含的传统文化内容最多。

3. 选篇的数量分析

（1）物质类型传统文化选篇的数量分析

笔者梳理分析了 64 篇选文，对物质类型传统文化相关选文进行归纳整理后得到以下数据：经统计，饮食文化相关选文 10 篇，约占所研究选文总数的 16%；乐文化相关选文 5 篇，约占所研究选文总数的 8%；传统建筑文化相关选文 3 篇，约占所研究选文总数的 5%；器物文化相关选文 1 篇，约占所研究选文总数的 2%；楹联艺术文化相关选文 2 篇，约占所研究选文总数的 3%；古代科技文化相关选文 1 篇，约占所研究选文总数的 2%。由统计结果可以看出，在物质类型的传统文化中，饮食文化相关的选文入选数量最多，这也与饮食文化与我们的日常生活息息相关一定关联。其次是乐文化，再次是传统建筑文化，然后是传统楹联艺术，最后是器物文化、古代科技文化。由这些数据可以看出，人教版高中语文必修教材所选蕴含传统文化元素的文章多贴近日常生活，非常具有实用性。这些选文有益于启发学生发现生活中的传统文化，激发其探究传统文化的兴趣。物质类型传统文化选篇各部分选文内容占选文总量的比重如图 1-1 所示。

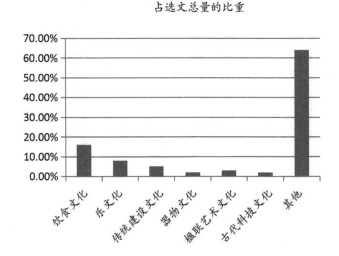

图 1-1 物质类型传统文化选篇各部分选文内容占选文总量的比重

（2）非物质类传统文化选篇数量分析

笔者梳理分析 65 篇选文，在对非物质类型的传统文化相关选文进行归纳整理后得到以下数据：经统计，民俗文化相关选文 3 篇，约占所研究选文总数的 5%；传统节日文化相关选文 4 篇，约占所研究选文总数的 6%；中国古代传统信仰相关选文 2 篇，约占所研究选文总数的 3%；思想文化相关选文 12 篇，约占所研究选文总数的 18%；古代戏曲文化相关选文 1 篇，约占所研究选文总数的 2%。由统计结果可以看出，在非物质类型的传统文化中，思想文化相关的选文入选数量最多，其次是传统节日文化，再次是民俗文化，然后是古代传统信仰，最后是传统戏曲文化。

由这些数据可以看出，人教版高中语文必修教材在选文时更加注重选文的文化价值，尤其是其精神文化价值，这些选文或传达了乐观向上的精神态度，或传达了忠于祖国、勇于担当的价值观念，对引导青少年学建立豁达开朗的人生态度以及健康良好的价值观念大有益处。非物质类传统文化选篇各部分选文内容占选文总量的比重的具体情况如图1-2所示。

占选文总量比重

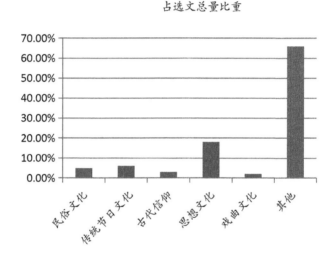

图1-2　非物质类传统文化选篇各部分选文内容占选文总量的比重

总而言之，人教版教材中所包含的传统文化资源相当丰富，教师要积极对人教版必修教学进行分析与挖掘，全面掌握教材中传统文化的基本分布情况，为后续更为高效地开展传统文化教育打好坚实的基础。

第三节　传统文化和高中语文教学的关系

随着社会的不断发展和进步，中国在国际社会上的地位也在不断地提升，也就需要我们承担更多的社会责任。这些现象的发生也从侧面说明了传承优秀的传统文化、增强民族的文化自信心、对青少年进行传统文化教育已经成为我们必须要认真思考和解决的事情，而语文学科和其他学科最大的区别就是，语文课程的人文性使得语文学科教学和中华传统文化变得密不可分。总的来说，语文和中华传统文化的关系主要有以下两点：一方面，传统文化是语文学科的魂与根；另一方面，语文是传统文化的重要载体，是传统文化的传播工具。语文教育为传统文化的继承与弘扬发挥着重要的作用，二者血肉同构、不可分割，我们必须对此有较为深刻的认知与理解，以便更好地在语文课堂继承和弘扬中华民族优秀传统文化。

一、传统文化是语文学科的根与魂

语文是文化的重要载体。我们将"语文"这个词语拆分来看，可以得到"语"和"文"二字。1949 年，著名教育家陶行知先生建议将"国语"和"国文"两个词语合并成"语文"，他认为"口头为语，书面为文"，这样就更能概括语文教学的基本内涵，这种说法也得到了教育界的一致认可。侯迪夫先生则将语文的基本内涵概括为"一语四文"，也就是说，语文包含语言、文章、文字、文学与文化（特指狭义上的文化）。另外，《新编现代汉语词典》中对"语文"的释义是："语言和文字；语言和文字的简称。"而汉字是汉民族在长期的劳动生产和社会实践中创造出来的，是世界上历史最悠久的一种独立发展的文字，蕴含着十分丰富的文化内涵，是中华优秀传统文化的重要组成部分。因此，语文本身就与传统文化有着密不可分的关系。

著名的语文教育家钱梦龙先生认为要为语文教学寻"魂"。他认为，虽然在新教学理念的指引下，语文教学效率及教学质量有了新的提高，但语文教学中依然存在着一系列的"失魂落魄"的症状，这些问题突出表现在近年来有关语文课程的"定名"问题及语文课程的"定性"问题上，因而他呼吁要将语文教学中所丢失的"魂"寻找回来，让语文教学回归其本真。同时，他也认为"民族语的教育"恰恰是语文教学"魂"之所在。

通过以上内容的分析，我们可以看到，语言和文化是分不开的，而且汉语本身就是我们民族优秀传统文化的重要组成部分，这就较好地诠释了传统文化在语文教学中的地位。

二、语文教育是传统文化的重要传播工具

教育，尤其是语文教育是传承和弘扬我们民族优秀传统文化的重要载体，也可以说是重要的传播工具，这样的结论是基于以下三点所得出来的：其一，工具性与人文性是语文课程的基本特点，语文教材中所蕴含的传统文化元素较为广泛，但是由于历经数千年的传承，传统文化的表现形式十分丰富，且教材选文的篇幅又不宜过长、内容不宜过于深奥难懂，因此选入语文教材中的传统文化内容是十分有限的。尽管如此，语文教材内容又是相对灵活的。例如，根据新课程标准，在编写教材时，编写者需要适度增加语文教材中与传统文化相关的内容。语文教材中传统文化内容所占比重增加了，与之相应的，学生学习到的传统文化知识量就上去了，有利于传统文化的传承与弘扬。其二，在课堂教学方面，语文教师通过多种多样的教学方法与教学策略，向学生传授语文知识技能，使学生较好地吸收教材中包含的传统文化知识。通过长期的语文教学，让学生沐浴在优秀的传统文化中，逐渐受到感染和熏陶，并逐渐形成自己的传统文化意识和文化底蕴，自然有利于我们民族优秀传统文化的传承和发展，也有利于提升青少年的文化自信心。其三，语文的教学形式是多种多样的，而语文综合活动作为重要的组成部分，对于学生深刻地了解与感知传统文化、激发学生的学习兴趣及提升自身的文化综合素养具有较为重要的意义。正所谓"兴趣是最好的老师"，学生有了学习传统文化的兴趣，就能够在课外主动探究、自觉寻找挖掘传统文化相关知识。此外，近几年涌现出一批高质量的语言类节目，如央视的《朗读者》《中国诗词大会》等，都是非常优秀的、值得青少年学习的课外语文知识。此类节目在一定程度上发挥了语文教育的文化传播功能，取得了社会各界的一致好评，全面提升了学生对传统文化的认知与理解。通过以上三个方面的分析我们可以看出，语文教育是传承传统文化最主要的途径之一，是传统文化的重要传播工具，在传统文化传承中发挥着中流砥柱的作用。

总而言之，语文教育和传统文化有着密不可分的关系，语文教师要对二者的关系有一个较为清晰、具体的认知与理解，在高中语文教学中全面强化课堂教学与传统文化传承的结合，让语文课堂真正地徜徉在传统文化中，为学生的健康成长打好坚实的基础。

第四节　课程标准中关于传统文化教学的论述

《普通高中语文课程标准》（2017 年版）（以下简称新课标）中关于传统文化教学的内容逐年增多，其中既包括对传统文化视野下高中语文教学的描述，又包括对传统文化视野下语文教材编写的描述，此外，除了内容的增多，其指导的针对性也越来越强、越来越细化，反映了国家对语文教学中继承和弘扬传统文化的重视程度在逐渐提高。以下将对新课标中关于传统文化教学的论述进行分析。

一、新课标中有关传统文化内容的变化

笔者对比了从 1978 年到 2002 年的几版中学语文教学大纲，并着重分析了《普通高中语文课程标准》（2003 年版）及新课标，发现这些教学大纲和课程标准在对待传统文化的态度上有了较为明显的改变，相关内容也有了较大的改进。在这里仅以 2003 及 2017 年两版高中语文课程标准中有关传统文化内容的变化进行简单对比。

2003 年教育部颁发的《普通高中语文课程标准》（2003 年版），取代了原来的中学语文教学大纲，较之以前的语文大纲，《普通高中语文课程标准》（2003 年版）高度重视对中华优秀传统文化的继承。在教材编写方面提出："教科书选文要具有时代性和典范性，富于文化内涵，文质兼美，丰富多样，难易适度，能激发学生的学习兴趣，开阔学生的眼界。"此外，《普通高中语文课程标准》（2003 年版）还对语文教师提出要求："高中语文教师要善于引导学生体悟古代优秀作品的深厚文化内蕴，为学生形成传统文化底蕴奠定基础；同时，要求学生不断地从传

统文化中汲取古人智慧，提高自己的品德修养和审美情趣。"

2017 年教育部印发了《普通高中语文课程标准》（2017 年版），这版课程标准中关于中华传统文化的内容进一步增加，比重进一步提升，体现出国家对传统文化回归教育的重视态度。具体主要有以下四点变化：其一，有关语文课程性质的表述发生变化。新课标较之 2003 年版的课程标准，在表述语文课程性质时增加了"为传承和发展中华文化、增强民族凝聚力和创造力发挥应有的作用"的内容，从这句话可以看出，国家更加强调语文学科的人文性特点，这也是由近几年语文教育界受到应试教育思想的影响，使得语文学科的工具性特点被不断放大，而人文性特点被冷落引起的。此举既有利于传统文化的传承，又有利于语文教育的发展，可谓一箭双雕。其二，课程基本理念部分发生了变化。《普通高中语文课程标准》（2003 年版）使用了"优秀文化"一词，即"使学生受到优秀文化的熏陶，塑造热爱祖国和中华文明，献身人类进步事业的精神品格"。而新课标则进一步精准定位，使用了"优秀中华文化"一词，强调"中华"二字，体现出对我国的传统文化传承的重视，而不是别的、其他国家的传统文化，这与我们当前立足增强青少年的民族认同感与文化自信心的目标相吻合。其三，新课标将"文化传承与理解"内容纳入语文学科的四大核心素养中，意为："学生在语文学习中，继承中华优秀传统文化，理解、借鉴不同民族和地区文化的能力，以及在语文学习过程中表现出来的文化视野、文化自觉的意识和文化自信的态度。"这是《普通高中语文课程标准》（2003 年版）所没有的，是一个重大突破。其四，新课标在语文课程结构方面设计了 18 个学习任务群，新增了"中华传统文化经典研习"学习任务群和"中华传统文化专题研讨"学习任务群两个学习任务群。新课标中与中国传统文化相关的内容的表述见表 1-11。

表 1-11　新课标中与中国传统文化相关的内容的表述

第一部分：前言	课程的基本理念	"高中语文课程必须充分发挥自身的优势，弘扬和培育民族精神，使学生受到优秀文化的熏陶，塑造热爱祖国和中华文明、献身人类进步事业的精神品格，形成健康美好的情感和奋发向上的人生态度"
第二部分：课程目标	"努力提高对古诗文语言的感受力……体会中华文化的博大精深、源远流长"，"重视优秀文化的传承"，"用历史眼光和现代观念审视古代作品的内容和思想倾向"	
	一、必修课程	"学习中国古代优秀作品，体会其中蕴含的中华民族精神，为形成一定的传统文化底蕴奠定基础"，"诵读古代诗词和文言文，背诵一定数量的名篇"
	二、选修课程	"背诵一定数量的古代诗文名篇……了解相关的中国古代文化常识，丰富传统文化积累"，"以发展的眼光和开放的心态看待传统文化"
第三部分：实施建议	一、教学建议	"要求学生精读一定数量的优秀古代散文和诗词曲作品"，"加强诗文的诵读"
	二、评价建议	"文言文阅读的评价，重点考查阅读不太艰深的文言文的能力"，"还要注意考查学生能否了解文化背景，感受中华文化精神"
	三、教科书编写建议	"要重视继承和弘扬中华民族优秀文化"

综上所述，新课标从课程性质、课程基本理念、学科核心素养以及课程结构等各个方面，增加或强调传统文化的内容。可见，这次国家对传承传统文化的态度之

坚定、决心之大及力度之广。对比其他学科的 2017 年版课程标准，没有任何一个学科的课程标准中有如此之多的传统文化相关内容，这也从侧面反映了语文教育与传统文化传承的密切关系。

二、新课标对高中语文教学方面的建议

新课标既有针对语文教学中传统文化教学的一般性建议，也有针对具体的传统文化学习任务群的具体性建议。一般性建议即要求普通高中语文课程应重视对学生情感、态度与价值观的正确引导，发挥语文课程的独特功能，促进学生在语言构建与运用、思维发展与提升、审美鉴赏与创造、文化传承与理解等方面的全面发展。新课标将课程内容划分为十八个学习任务群，每个学习任务群都规划了学习目标与学习内容，同时还有相应的教学提示。十八个学习任务群中有两个是与中华传统文化相关的。其中，新课标对"中国传统文化经典研习"学习任务群的教学建议概括为以下五个方面：其一，高中语文课程要重视诵读，引导学生积累阅读经验。诵读有利于培养学生语感、增进对古代作品的文本理解。其二，高中语文课程要引导学生独立阅读选文，提高阅读古代作品的能力。其三，高中语文课程要多角度、多层面地组织主题学习单元，引导学生利用各种阅读方法，由点及面地体会中华传统文化的博大精深和丰富内涵。同时，对所研读作品在中国文化史上的地位和贡献能有初步了解和认识。其四，高中语文课程要组织学生在具有一定阅读量的基础上，展开交流和专题讨论，并能够表达自己的看法。其五，高中语文课程要引导学生在读的过程中查阅资料并做笔记。同时，能够通过图书馆、互联网等渠道查阅相关资料，从而加深对作品的理解，不断提高独立阅读能力。

"中国传统文化专题研讨"学习任务群是在"中国传统文化经典研习"的基础

上，选择中华优秀传统文化的具体内容并将其以专题的形式组织探讨，从而既有利于加深对传统文化的认识和理解，又有利于增强传承、弘扬中华优秀传统文化的自信心和责任感。新课标对该任务群有以下三个教学建议：其一，在组织专题探讨方面有两种途径，一种是高中语文教师参照学生的兴趣、学习特点、学习资源以及要学习的传统文化内容等各方面因素推荐相关专题，供学生选择学习。另一种是学生自主设计，确定学习专题。其二，专题的角度可以是多样的，不必拘束于教材内容，最大限度地激发学生的主观能动性和学习积极性。其三，要求专题研讨与交流活动的形式尽可能多种多样，让多样化的形式与手段全面唤醒学生在语文课堂学习传统文化的乐趣。例如，可以引导学生在完成研讨之后从多个角度展示自己的研究成果，并且尝试把自己的成果以口头表述或者论文形式呈现出来与大家分享和交流，从而加深他们对这些内容的认知印象。

三、新课标对高中语文教材编写的建议

新课标指出，教材编写要高度重视继承和弘扬中华优秀传统文化，同时也要体现出对文化多样性的理解和尊重，这不仅有助于增强学生的民族自尊心、爱国情感和文化自信心，而且有利于树立健康正确的世界观、人生观、价值观。这个主张与《普通高中语文课程标准》（2003 年版）相一致，都强调了教材的文化内涵。具体如何操作，新课标进一步提出建议，即"教材编写要以培养语文核心素养为纲，以语文实践活动为主线，落实十八个学习任务群的要求"。"文化传承与理解"作为语文四大核心素养之一，为高中语文教材在编写时对选文的文化内涵、传统文化相关内容的入选比重等提供了一个相对明确的衡量标准。编写者既要考虑教材内容中传统文化元素所占比重，达到在高中语文教育中传承中华优秀传统文化的要求，

又要注意把控区分语文教材不是文化教材，传统文化相关内容不可过量。

综上所述，可以看出，新课标对如何在语文教学中进行传统文化教育有着明确的指导和规范，为广大一线教师指明了"教什么""如何教"的具体方向。语文教师要积极联合优秀的教师群体，不断强化对新课标的研究和讨论，积极领会新课标中所传达出的精神，并以新课标中的新教学理念为支撑和指引，不断推进高中语文课堂教学的改革，将传统文化全面融入语文课堂的教学之中，促进学生健康发展及教学效能的大幅度提升。

第二章　传统文化视野下高中语文
教学中遇到的困境与挑战

近几年,国家开始重视中华传统文化特别是中华优秀传统文化的传承与弘扬问题,广大深耕一线的教育工作者开始在教学实践中探究如何在高中语文教育中更好地传承传统文化。但是,探究的过程并非是一帆风顺的,在高中语文教育中传承传统文化面临着一系列的困境与挑战,需要我们每一位语文教师去积极地进行教学实践,不断地对传统文化视野下高中语文教学中遇到的困境与挑战进行全面的研究和分析,为采取更有针对性的教学方法与策略打好坚实的基础。本章将从教师、教学目标、教学方法、教学内容及语文课堂外传统文化教育五个方面就传统文化视野下高中语文教学中遇到的困境与挑战进行分析。

第一节　教师的传统文化素养有待加强

教师作为人类"灵魂的工程师"、辛勤的"园丁",其本身的传统文化素养对于高中语文课堂中进行传统文化教育的效果有较大的影响,教师的传统文化素养高,课堂传统文化的教学效果就相对好。但是,从目前的教师传统文化素养的整体水平来看情况还是不容乐观的,需要引起我们的重视。

一、高中教师个人观念意识的不正确

教师的观念和意识在很大程度上影响着其个人修养的提升，也影响着高中语文课堂上开展传统文化教育的效能。从目前的情况来看，高中语文教师主要是教必先学的学习观不强烈、终身不辍的古典文化修养观缺失、提升古典文化修养和精神追求意识淡薄。

第一，教必先学的学习观不强烈。随着信息时代的来临，每天都会有数以百万计的信息产生，我们如果不努力进行学习，那么对于一些传统文化领域的新观点、新理论、新研究，就无法在第一时间学习到，自然不能在课堂上高效地向学生进行传授。长此以往，教师逐渐不能适应新形势下的高中语文课堂教学，更无法高效地在语文课堂开展传统文化教育。

第二，终身不辍的古典文化修养观缺失。一些教师由于受到应试教育的影响，在教育教学中将主要的精力放在了对高考的研究之中，而忽视了对传统文化知识内容的学习，导致自身的传统文化知识储备不够充足，在授课时不能做到旁征博引，使学生未能更为广泛地学习到传统文化知识内容，自然不利于其传统文化知识储备的提升及更好地继承和弘扬中华优秀传统文化。

第三，提升古典文化修养和精神追求意识淡薄。我们进行传统文化教育不仅仅是要教会学生传统文化知识，还要向学生渗透和传承优秀的民族修养和民族品质，这是我们进行传统文化教育的重要组成部分，也是核心要义。一些教师在学习中华优秀传统文化时只注重提升自身的知识能力，而忽略了对古典文化修养的学习和继承，导致在语文课堂开展传统文化教育中走了弯路。

二、语文教师传统文化修养普遍缺失

简单来说，传统文化修养就是人们通过对中华传统文化的修习，经过长时间个人的努力，对传统文化知识进行内化与自省，所形成一个人内在的思想品行。中国传统文化博大精深，涵盖古代文学、古代教育、传统史学、中国哲学、传统艺术、中国书法绘画等诸多方面的知识。高中"语文教学活动本身会涉及人类文化的许多领域，语文教师的阅读面也应尽可能广泛，文学、历史、哲学、科学、艺术等均应有所涉猎"。因此，高中语文教师对传统文化的修习是十分必要的，高中语文教师具备传统文化修养也是必需的。

现行高中语文人教版必修教材中，古诗文的选取占了所有选文的48%，这一比例势必随着北京高考革新制度（高考语文试卷分数由150分提高至180分，旨在加重中国传统文化知识考查）的实施将不断加大。新课标明确指出，高中语文"教师是学习活动的组织者和引导者"。这就意味着，高中语文教师为更好地完成自己的教学任务、提高自己的教学质量，必须具备深厚的古典文化知识。然而，高中语文教师的古典文化知识水平，大多停留于表面。相关调查显示，"真正读过四大古典名著的中学语文教师，还不到被调查者总数的20%"。而四大名著是高中语文新课标要求高中生必读的书目，但全部读过的语文教师却如此之少；《大学》《中庸》《论语》等也是高中语文新课标特别推荐阅读的古典名著，能够通读的高中语文教师也是寥寥无几；甚至有学者前往师范院校调查师范生阅读《论语》《孟子》《庄子》的现状，却发现在选取的180名文史类与180名理工类师范生中，"读过这三本名著师范生的比例分别是32.5%、11%、5.7%"。师范生是高中语文教师的主力军，其传统文化知识积淀却如此薄弱，可想而知每日忙碌在工作岗位上的语文教师的传统文化修养缺失现状是有多么严重。笔者在国家级重点高中——成都石室中学教育实习期间与众多语文工作者（包括优秀骨干老教师、新任年轻教师以及外校聘任教师）就高中语文教师自身传统文化修养现状的交谈中获知，目前的高中语文教师自身传统文化修养呈普遍缺失现象。其主要表现在以下三个方面：其一，汉字的起源、构成及其本身所蕴含的意义，文言字词句的特殊用法，古诗文写作的基本规律等一些古代汉语的基础知识，高中语文教师队伍中一知半解的大有人在；其二，教材中所选古典诗词以及古文名篇，高中语文教师队伍中很少有人可以全部背诵下来，更谈不上课外古代名篇名句的背诵；其三，对于古代历史上的英雄人物、诗人、文学家的了解也仅限于教参所涉及的范围。传统文化知识的匮乏使得高中语文教师对教材中选取的古诗文缺乏自身理解和感悟，教学活动实施过程中也只能借助网络上的教案或教师用书照本宣科，由此导致在语文课堂上不能做到旁征博引，讲起课来尤为艰难。例如，大多数的高中语文教师竟作不出几首小诗，写不来几篇简单的文言短文，课堂上做不到博古通今、引经据典……由此可见，语文教师传统文化修养缺失的现状亟待解决。

以上三点说明了当前高中语文教师自身的传统文化修养还存在着很大的不足，需要引起我们的积极反思与总结，以全面解决存在的这些基本问题，有效增强教师的传统文化素养。

三、教师的综合能力有待提升

教师综合能力的高低，对于教师在课堂的高效授课具有较为重要的影响。在高中语文课堂教学中开展传统文化教育需要教师积极强化自身的课文解读能力与综合职业技能，以在课堂教学中更好地应对课堂发生的具体情况，高效地在语文课堂教学中开展传统文化教育，促进学生传统文化素养的全面提升。

（一）教师的课文解读能力明显不足

课文解读能力主要包含字词释义中的传统文化析出能力、哲学层面的传统文化体系梳理能力、解析文本的能力，这些能力对于教师在课堂高效开展传统文化教育具有重要的作用和意义。但从目前的教师综合能力来看，不少教师只具备其中一种或者两种能力，这就使得教师的课文解读能力明显不足，不能在课堂上就某一个具体的传统文化问题展开详细而全面的讨论与解读，学生因此无法更为全面地学习这些细节内容，自然不利于学生在高中语文课堂对传统文化知识内容的学习，需要引起我们的反思。

（二）教师的综合职业技能有待提升

教师的综合职业技能主要包括教学设计能力、课堂构思能力、课堂互动能力、计算机应用能力，这些综合职业技能有助于全面提升语文教师的课堂驾驭能力，让语文教师更好地在高中语文课堂进行传统文化教育。但从现在的教师的综合职业技能掌握情况来看，教师或是只具备课堂构思能力，或是只具备计算机的应用能力，只具备其中一项或者两项职业技能，显然还存在很大的提升空间。每一位教师都要积极学习和提高，从而更好、更高效地对学生进行传统文化教育。

四、教师的传统文化素养不足的原因分析

造成当前高中语文教师传统文化修养缺失的原因是多方面的，有宏观因素也有微观因素，有个人因素也有社会因素。所以，探讨高中语文教师传统文化修养现状的成因，应从社会环境（网络文化）、教师自身（对语文课程及教师工作的认识）、师资培养、教育制度（高考）等多方面入手。

第一，社会大环境的影响。当今日新月异的先进科技改变了许多语文教师的生

活方式。繁忙的工作之余，无论是在办公室还是家庭住所，到处可见电脑、iPad、智能手机，"快餐文化"充斥于人们的生活之中。与此同时，网络文化也在逐渐侵占传统文化的领地。在各种文化的冲击下，高中语文教师阅读古典文献史籍的主动性在逐渐磨灭，这样一来，语文教师的传统文化知识不可能有所增加，甚至随着时间的流逝，语文教师自身的传统文化知识储备将会逐渐减少。

第二，缺乏事业意识。世界上的职业有千万种，有的人只将其作为一种谋生的手段，有的人却将其作为倾其一生所要成就的事业。教师职业不仅仅是单一谋生的职业，它兼具事业性质。人民教师被光荣地誉为"人类灵魂工程师"，从事着太阳下最耀眼的职业，因为教师的任务不仅仅是教书，更重要的是育人，即教师在传播文化知识的同时，肩负着培育"人"的重任，这是一项长期、艰巨却伟大的事业。进入伟大的教师行业，尤其是作为一名光荣的语文教师，却不以"教书育人"为使命，不把教师工作当作自己的终生事业去奋斗，那我们的教育事业何来发展？我们教师队伍的素质何以提高？高中语文教师的传统文化修养又从何谈起？

第三，认知汉语课程本身的偏失。长期以来，语文教育界对语文学科性质是工具性还是人文性问题的讨论从未停止："语文学科的性质到底是什么？语文课程到底是一门什么样的课程？"由此可见，广大的语文教育工作者对汉语文课程本身的认知依旧处于一种茫然的状态。汉语文教育作为国民的基础教育，理应成为中华民族的母语教育，以传承中华传统文化为重要使命。为何会产生如此现象，这就要从语文课程名称的变迁谈起。"语文"这一学科名称产生于中华人民共和国成立以后，在此之前，小学、初中的语文课程称为"国语科"，高中的课程称为"国文科"。"1950年，中央人民出版总署编审局编辑出版了《初级中学语文课本》，'语文'

45

概念正式产生，并由此取代了'国文'或'国语'概念而成为汉语文课程的名称。"对于"语文"这一学科新名称，统编本《编辑大意》解释道："说出来的是语言，写出来的是文章，文章依据语言，'语'和'文'是分不开的。"后来，叶圣陶在20世纪60年代回顾这一学科名称改变的往事时曾进一步解释道："平常说的话叫口头语言，写到纸面上叫书面语言；语就是口头语言，文就是书面语言。把口头语言和书面语言连在一起，就叫语文。"很显然，上述解释只是把汉语文课程简单地归结为书面语言和口头语言的合体。"语文"这一名称的使用导致了广大语文教师对汉语文课程本身的盲目认知或偏误认知，简单地把汉语文课程变成了语言文字课或语言文学课，这也就造成了关于语文学科性质是工具性还是人文性的长期争论。

综上所述，教师的传统文化素养存在着很大的不足，这其中既包括个人观念上的不正确，又包括个人能力和修养上的不扎实，需要教师积极地就这些问题的有效解决方法展开全面的讨论和研究，以有效提升自身传统文化素养，更好地在语文课堂开展传统文化教育，促进学生更为高效地学习和掌握传统文化知识，不断提升学生的传统文化素养。

第二节　教学目标偏重达成知识目标

教学目标作为高中语文教学的重要指引，对于教师在课堂明确教学方向、有侧重点地开展教学具有较为重要的作用和意义，同时也有利于在语文课堂教学中传承和弘扬传统文化。因此，语文教师要积极提升对教学目标设置的重视程度，并积极改进教学目标设置中的不足之处，提升课堂传统文化渗透的效能。

一、教育教学目标不正确

（一）思想指引不正确

1.重视程度不够高

教师是否重视、重视的程度是高还是低，都将会对语文课堂的传统文化教育产生重要的影响。在实际的目标制定中往往存在各种各样的问题，最常见的问题就是教师的重视程度不够高，一方面表现为对教学目标的重视程度不够高，另一方面表现为对传统文化的重视程度不够高，从而没有了具体的目标做指引，课堂的教学和课堂教学中传统文化的教育都会受到一定的影响。因此，我们要积极端正我们的态度。

2.思想指引不正确

由于受到应试教育的影响，教师在目标的设置上往往以"达成"思想为目标设置的主要指引，即只注重"知识与技能"目标的设置，对于思想情感、人文素养等不易看到实际效果的目标重视程度不够高，导致目标的设置中对传统文化的设置内容不够多，这自然会对课堂传统文化的继承和弘扬产生不利的影响，需要引起我们的重视和反思。

（二）目标中人文素养缺失

1.教学目标偏重达成知识目标

在教学目标方面，高中语文教学偏重追求达成知识目标。例如，文言文教学中，教师既想实现文化目标，又想实现实用目标，通常情况下教师的惯常的做法为：朗读原文—全文翻译、词句讲解—揭示主题—分析艺术特点—背诵（课堂没有时间则放在课后完成）。但是，在时间、精力有限和高考压力大的情况下，教师们往往更加注重实用目标，而忽视其传承中华优秀传统文化的目标。新课标强调了语文学科集工具性与人文性于一身这一基本特点，但是在实际教学过程中，语文教师往往更加关注学生学习和吸收了多少知识、应试能力提高了多少，忽视学生知识的获取过程，而且一些教学内容中蕴含的传统文化元素经常被"隐身"，如文言文成为高中语文教学的"显性"内容，与之相对的，文言文中所蕴含的传统文化知识则成了"隐性"的内容。教师在主观上过分追求古汉语会导致传统文化的传承被当作一种可有可无的客观结果，进而导致传统文化传承的目标变得随意而缺乏自觉性。

2. 教学目标中人文素养缺失

人文素养包含学生对于传统文化知识的掌握量、人文精神以及人文品行，对于学生健康地成长和进步具有很重要的作用。人文素养的培养和传统文化教育具有内在的一致性，重视人文素养的培养就等于重视传统文化的传承。而在应试教育和"达成"思想的指引下，教师在目标的设置中往往偏向于能提高学生应试能力内容的设置，对于人文素养的设置显然就会少许多，不利于学生对传统文化知识的学习，也不利于学生的健康发展。

二、教学目标的设定不合理

传统文化视野下语文课堂教学目标的设置是否合理、科学，对于学生在语文课堂传统文化的学习具有很重要的影响。教学目标设置得合理、科学，则学生可以在正确的指引下更为高效、快速地进行传统文化的学习；相反，教学目标设置得不合理，则学生就不能有效地进行传统文化的学习。我们在传统文化视野下的目标设置中还存在着很大的不足，如教学目标的依据不合理、具体目标的设定不合理。

（一）教学目标设定的依据不合理

教学目标的设定不能根据自己的主观意愿而定，而要根据新课标、具体所使用的高中语文教材以及学生、班级、学校的实际情况来定。而在实际的目标设置中，教师往往抛弃这些有效的依据，依据自己的主观意愿去制定高中语文课堂中传统文化教育的目标，这显然是不合理、不科学的。如果语文课堂传统文化的教育目标实现难度过高，则学生在长期的学习中可能会对传统文化产生厌恶感，会严重地挫伤他们的学习自信心和原动力；如果目标实现难度过低，则学生会觉得一两节课不学习传统文化对自己的实际能力也不会产生实质性的影响，导致学生的态度变得随意和散漫，自然不利于学生在课堂高效地继承和弘扬传统文化。

（二）具体目标设定不合理

1. 长期目标

在语文课堂开展传统文化教育需要积极设置长期的教学目标，在目标中明确具体的传统文化教学方向、所采用的大体教法和学法，以及配合开展的传统文化教育活动，只有在一个长期的目标规划下，高中语文课堂的传统文化教育才能高效、顺畅地开展和实施。但从实际的情况来看，我们在制定长期的目标规划中往往会存在着以下三个突出问题：其一，没有前瞻性。对于传统文化视野下语文课堂的教学研究不够深入，不能正确地预知未来教学的方向，这导致长期的目标规划失去了其应有的作用。其二，不区分阶段性。在语文课堂教学中进行传统文化教育是一项长期而艰巨的任务，具有一定的综合性，需要在学习一段时间后进行全面的总结和归纳，只有这样才能更好地在语文课堂开展传统文化教育，而我们在目标的设定中忽略了这些主要的特征，导致不能持续高效地在高中语文课堂开展传统文化教育。其三，动态性。就语文课堂中进行传统文化的复杂性与长期性而言，所制定的教学目标不可能完全符合实际的教学情况，因此我们在语文课堂开展传统文化教育时更需要积极结合实际的情况对教学目标规划进行适当的调整。但我们所制定的目标往往是静态性的，这就导致无法适应实际的教学情况，影响到语文课堂传统文化的继承和弘扬。

2. 短期目标

短期的教学目标，或者说每一小节具体的教学目标，会对课堂教学中传统文化的教授产生直接影响，而我们在每一小节教学目标的制定中也存在着诸多的问题。其一，目标不具体。所制定的教学目标较为笼统，没有明确地指出学完该节课后学生应该明白哪些传统文化知识，导致学生在传统文化的学习中目的性不强、求知欲望也不够强。其二，不全面。目标的设置只是涵盖了某一模块的内容，如传统文化的知识学习模块，而没有将应当达到的全面要求进行明确，这就导致学生在语文课堂开展传统文化的学习中顾此失彼。其三，没有体现差异性。所谓差异性，就是要积极结合每个学生的基本特点、学习能力，为其设置具有针对性的学习任务。而我们在任务的设置中往往设置一个统一的教学目标，使得在教学中很难兼顾到每个学生之间存在的差异性，自然不利于每个学生都能在传统文化的学习中学有所得、学有所获。另外，在适度性、可操作性等方面也存在着不同程度的问题，需要我们对此进行总结。

总而言之，教学目标的设置是否科学、是否合理会对高中语文课堂传统文化的继承和弘扬产生很大的影响，我们要在正确的理念下，积极地不断探索传统文化教育的目标和策略，有效地制订长期和短期的传统文化教育目标规划，全面提升教学目标设置的针对性、指引性，促进学生较好地学习传统文化知识内容。

第三节　教学方法上偏重教师讲解

在教学方法上,高中语文教学存在着重讲解轻诵读、重讲解轻感悟等问题。受应试教育的影响特别是涉及传统文化知识的讲解时,语文教师大多根据教辅资料,对文言文、古诗文中的词句含义进行机械性的翻译、讲解,而未对其中所蕴含的传统文化深层含义进行探讨。这种教学方法不仅机械,还会使教学仅停留在静态的文化知识学习层面,没有将传统文化与高中语文教学进行有效的结合。但其实古诗文教学最重要的教学方法就是诵读,通过诵读,带领学生感悟其中的音韵美、感悟作者的真实感情,让学生享受学习的过程。传统的高中语文教学,师生互动形式主要是教师提问、学生回答,这是一种双向信息交流的教学方法,也是目前中学语文课堂普遍使用的师生互动方式。但是,这种教学方法不是万能的,有时会显得过于形式化,为了追求与学生互动而互动,最终会导致教学效率低下、学生课堂参与度不高等问题。

一、无法有效应对多种课型

(一)阅读教学课

阅读教学课作为高中语文教学中最为常见的课型之一,大部分知识的讲解和传授都将在该课型上实现,因此抓住了阅读教学课,就基本抓住了传统文化教育的关键。但我们在阅读教学课堂弘扬传统文化和开展传统文化教育的过程中还有许多需要改进和完善的地方,主要有以下三个方面。

第一,从课文主题入手,对传统文化思想内容的挖掘不到位。从课文主题入手开展传统文化教育是我们挖掘和渗透传统文化的一个主要途径，然而在采用该手段实施教学时往往存在着对传统文化思想内容挖掘不到位的问题。例如，在学习《离骚》这篇文章中，教师只是浅显地挖掘出屈原的爱国精神，却没有对更深层次的思想内容进行挖掘和提炼，导致学生所学习的传统文化思想内容是片面的和零碎的，不能让学生对传统文化思想内涵有一个全面的理解和认知。另外，教学中还存在教师对课题把握不准的情况，自然会在很大程度上影响高中语文课堂传统文化的教育，需要引起我们的重视。

第二，从故事情节入手，对作品文化内涵的讲解片面化。很多传统文化诗篇都是以一个故事情节为主线展开叙述的，教师采用从故事情节入手对作品文化内涵进行讲解的方式开展传统文化教育，有助于激发学生学习的兴趣和学习的积极性，但教师在该方式的应用中有时会存在对作品文化内涵的讲解片面化的情况。

第三，从辅助性材料入手，对传统文化内容挖掘较为浅显。辅助材料是指课文注释、课文插图、课文引语等，这些丰富的辅助材料中包含着众多的传统文化因素，需要教师对其进行有效的利用，但教师在这个过程中只挖掘表面的内容，而忽视了对其深层次内涵的挖掘。例如，在学习《孔雀东南飞（并序）》这篇传统文化篇章中，其中有一幅形象化的配图，教师在进行传统文化教育中只让学生浅显地借助该图去理解文章，却没有对这幅图进行深入的挖掘，导致这些传统文化教学资源被浪费掉，自然不利于开拓学生的传统文化学习视野。

另外，从课文词句入手，对相关的文化背景和情境、意境挖掘的过程中也存在一定的问题，需要我们以阅读教学课中存在的这些问题为突破口，积极地进行全面分析，以不断改进这些不足，在高中语文课堂教学中更好地开展传统文化教育。

（二）写作课

写作课也是高中语文教学的一个重要组成课型，在写作课中进行传统文化教育，有利于学生将所学的传统文化内容进行有效的应用，不断地加深学生对传统文化的再认知与再理解，以下就教师在写作课堂进行传统文化教育中存在的问题进行分析。

第一，引导学生积累传统文化素材的意识不足。素材作为学生写作的重要支撑，对于学生能否写好、写的内容是否有血有肉具有十分重要的作用，但教师在写作教学中进行传统文化教育时，引导学生积累传统文化素材的意识不是很强烈，只是在教学中轻描淡写地点一下，导致学生也没有将积累传统文化素材的学习任务放在心上。教师的不重视导致学生传统文化素材的储备量不能得到有效提升，不利于学生继承和发扬民族优秀传统文化。

第二，引导学生在写作中应用传统文化的意识不足。在写作中应用传统文化知识，可以提升文章的深层次内涵，增加文章的语言美、辞藻美及思想美，然而学生在写作中应用传统文化素材的积极性并不高，这自然与学生对传统文化知识的涉猎不足有关，但更为主要的原因是教师的引导和鼓励不到位，使得学生所学习的传统文化知识没有被充分地应用到写作中来，不利于学生对传统文化的深入认知与理解。

（三）活动课

活动课作为学生学习语文知识的重要补充课型，对于学生深入地学习传统文化内容具有重要作用和意义。但我们在活动课的传统文化教学中主要存在着以下两个问题：其一，活动课的类型比较单一。我们所开展的活动课一般是指小组合作学习，这种形式虽然可以在很大程度上激发高中学生的学习主体性和参与性，但时间久了学生可能会失去新鲜感，导致其对传统文化的学习效能下降。其二，活动课的秩序维护不到位。活动课具有一定的开放性和互动性，对秩序掌握的好坏将直接影响到学生在活动课中学习传统文化内容的效能。从实际的活动课教学来看，教师未能把握好活动课中管与放的问题，导致有的学生在活动课上过于活跃，甚至说一些与教学内容无关的话；而有的学生一节课都不说一句话，不能很好地参与到活动中去，自然会影响到活动课上传统文化的教育效果。

二、在运用多种教法中存在的问题

（一）对话教学

对话教学是一种提升互动的有效教学方式，采用该方式实施传统文化教育有助于激发高中学生的学习兴趣，并让他们在互动中更加全面、深入地了解和学习传统文化内容，提升课堂传统文化的教育效能。但我们在开展对话教学中存在着以下两个问题：其一，对话的规则不明确。课堂开展有序的对话是需要一定的规则来约束的，如果对话的规则不明确，则师生无法在课堂开展有效的对话互动，而我们在对话教学中往往存在着规则不清晰、不明确等问题，不利于学生在对话中高效的学习传统文化知识。其二，教师的引导不及时。对话的形式是多种多样的，如教师和学生对话、学生和学生对话，在多样化的对话形式中，如果教师不能给予积极的引导和帮助，则对话教学便无法顺畅地进行下去。而在对话教学中，教师往往没有对学生进行必要的引导，导致课堂上的师生对话经常会陷入沉默，自然会影响到学生在对话中学习传统文化知识内容。

（二）情境教学

情境教学是教师有目的地引入或者创设一定的教学场景，给予学生更好的情感体验，促进学生更加全面地学习和理解相关内容的一种教学方式，将其应用到语文课堂传统文化的教育中自然有助于加深学生对传统文化内容的理解和认知，提升学生的审美意识，促进传统文化素养的提升。但我们在教学中主要存在着以下三个方面的问题：其一，对情境教学方式的理解不够深入。虽然我们在教学中会经常性地提到"情境教学"这个概念，但是有些教学依然会存在对情境教学这个具体的方式理解不到位的问题，在这种情况下，是无法更好地借助情境教学开展传统文化教育的。其二，创建情境的方式单一。我们在情境教学中一般采用具体的模型创设情境，没有充分地结合教学的具体内容，也没有合理地借助信息技术，这使得所创设的情境不能有效地激发学生的兴趣，需要我们积极拓展教学情境的创建方式。其三，教学情境的内涵不突出。一些教师在创设教学情境时往往不注重其基本的内涵，片面地追求外形上的"真"和"像"，而忽视了教学情境中的内涵展示，这导致学生在教学情境中不能获得较好的体验，自然不利于其更好地学习传统文化知识内容，需要我们教师对此进行深刻的反思。

（三）朗诵教学

朗诵教学主要是引导学生在传统文化学习中进行"读"，读其文字、读其内涵，在深刻的读中感受传统文化的魅力，获得极高的情感体验，自然有助于学生对传统文化的学习。但我们在朗读教学中主要存在以下三个问题：其一，不注重激发学生的朗诵兴趣。朗诵需要学生在课堂上频繁地"开口"，有的学生难免会感觉枯燥和乏味，而教师在朗诵教学中也没有注意到学生的这种情况，使得学生的兴趣低下，影响到其在语文课堂对传统文化内容的学习。其二，没有鼓励学生进行自我感悟。朗诵是一个过程式的教学，需要教师积极鼓励学生进行感悟和思考，让学生边朗诵、边感悟，不断地提升学生对传统文化的深入理解，而教师在朗诵教学中却忽视了对学生的鼓励和引导，使得朗诵教学仅仅成了让学生"朗诵"的课堂，自然会影响到学生对传统文化的学习。其三，教师在朗诵中缺乏必要的指导。朗诵教学是需要一定的技巧的，只有这样才能让学生更好地进行朗诵，更好地理解传统文化的深层次内涵，而教师在朗诵教学中却不注重对学生的引导，在指导上的针对性也不够强，大大降低了朗诵教学的效能，需要引起我们的反思和总结。

（四）延伸拓展教学

延伸拓展教学既是教学方式的延伸，也是传统文化学习的延伸，通过延伸教学不断开拓学生传统文化的学习视野和学习思维，让学生在丰富的传统文化资源学习中更好地理解传统文化深层次的内涵，促进传统文化教育效果的优化。在延伸教学中主要存在着延伸的面不够广、延伸的形式不够多样、延伸教学中的活动也不够丰富的问题，这在很大程度上影响到学生在延伸拓展教学中对民族传统文化的学习效能，需要我们反思和总结。

三、在研究性学习中无法有效开展教学

研究性学习是新课改理念支撑下的重要学习模式，可以在很大程度上激发学生的主人翁意识，提升学生在学习中的积极性和主动性，同时还可以让学生在讨论和学习中拓展自己的学习视野和学习思维。而将其引入到高中语文课堂中的传统文化学习之中，自然可以在很大程度上提升传统文化的教育效果，促进学生传统文化综合素养的提升。以下笔者将分析我们在研究性学习中存在的问题。

（一）问题设置中存在的问题

在研究性学习中，问题的设置作为其首要和基本的环节，对于学生课堂探究的

深度和广度具有较大的影响。但我们在问题的设置中往往存在着以下三个方面的问题：其一，问题设置没有做到简明扼要。教师在问题的设置中往往存在很大的随意性，所选择的问题也不具备概括性和启发性，这种问题的探究价值较低，自然不利于学生在高中语文课堂高效地学习传统文化知识。其二，没有给予学生参与性的机会。问题的设置没有充分引导学生发挥其主观能动性，导致学生对问题的理解和体验不佳，这不利于学生对传统文化的理解和创新。其三，问题太过于传统。教师在问题的选择上过于保守，使得问题不具有挑战性，无法激发学生的探究欲望和探究热情，也无法充分地使学生的传统文化思维得到启发，所以不利于学生对传统文化的学习。探究问题的设置中的这些不足之处，使得学生对传统文化的学习和理解大打折扣。

（二）小组合作学习中存在的问题

小组合作学习作为新教学理念指引下的一种教学模式，对于提升学生在课堂的主体性、发挥学生的主观能动性、唤醒学生的求知欲望等具有较为重要的作用和意义，同时也有助于在语文课堂中更好地开展传统文化教育。在小组合作学习中主要存在以下三个方面的问题：其一，探究主题不明确。合作学习需要围绕着一个大的主题来展开，而这个大主题下又可以包含若干个小的主题，而教师在合作学习中存在主题不明确的问题，使得学生探究的侧重点不明显，无法使学生的信息空间得到有效拓展。其二，在合作学习中对学生"管"得太严。虽然小组合作学习在很大程度上可以体现学生的主体性和自主性，但是由于在实际的教学中小组合作学习这种教学模式所耗费的时间较长，教学任务不能更好地完成。所以，一些教师在学习中尽量压缩学生自主探究学习的时间，导致学生在小组合作学习中的自由度有所降低，不利于学生发散思维去自主完成相关传统文化的学习，自然会影响合作学习的效能。其三，给予展示的机会少。当探究结束之后，需要引导学生积极地就探究的具体成果进行分享，但是由于我们刚才所说的小组合作学习中学生讨论的环节比较耗时，导致教师不断地压缩学生自主学习的时间，因此学生无法进行有效的分享与交流，从而不能向其他同学展现自己的研究成果和个性特点，这在一定程度上挫伤了学生的学习积极性，不利于学生更好地学习传统文化知识内容。

总而言之，传统文化视野下的教法运用存在着诸多问题，需要我们结合教学实际，积极地就此进行研究，对教法运用中存在的各种问题进行有效的把握，为后期的教学方法的改进和创新提供重要的依据，促进学生在语文课堂更加高效地接受传统文化教育。

第四节　教学内容选择上偏重"阅读鉴赏"

一、教学内容选择上偏重"阅读鉴赏"

首先，人教版高中语文必修教材共计五册，每册均划分为四个板块：阅读鉴赏、表达交流、梳理探究、名著导读。多数学校安排一个半学年的教学时间来学习必修教材，教师的教学时间不充裕、教学任务重。因此，大部分语文教师在教学时更加偏重对"阅读鉴赏"部分的六十五篇课文进行讲解，对其他三个板块内容的教学则以学生自学为主。但其实"梳理探究"这一部分同样蕴含着大量传统文化的内容。例如，必修1"梳理探究"部分安排的"优美的汉字"这一专题，探讨了汉字的起源、形体结构及汉字所蕴含的传统文化等。再如，必修2"梳理探究"部分安排的"姓氏源流与文化寻根"等专题探究不仅非常实用，而且对于弘扬传统文化具有实际意义。

其次，高中教材中传统文化相关的选文数量整体偏少。例如，人教版高中语文必修教材中，传统文化相关选文量只占少部分，余下大部分为其他内容的选文。而且在现代学校制度下，学生学习语文的时间与教材容纳的选文数量都是有限的，教科书中文言文所占的选文比例也十分有限。

最后，高中语文教材中还存在一种现象叫"经典的碎片化"，即教材中传统文化相关选文不仅总数少且分散，同时教材对经典选文的呈现方式也比较凌乱。语文教材通常的做法，是将各个不同时期的传统经典拼凑成所谓的"文言文"单元，如将先秦诸子散文与唐宋诗词混编。这种编排导致的结果是，无论是单元内部还是单元之间都缺乏逻辑性。新课标教材则偏好根据主题进行编排，如在"戏曲"这一主题下，将《雷雨》《窦娥冤》等拼成一个单元，更加强调选文之间内容的关联。但是，教材的这两种单元组合方式，都打破了经典本身的整体性与系统性，不仅如此，还阻断了经典所蕴含的文化的有机联系，使得教学内容中蕴含的传统文化元素被"隐身"。例如，文言文成为高中语文教学的"显性"内容，与之相对的，文言文中所蕴含的传统文化知识则成了"隐性"的内容。教师在主观上过分追求古汉语会导致传统文化的传承被当作一种可有可无的客观结果，进而导致传统文化传承的目标变得随意而缺乏自觉性。

二、对课程资源的利用不充分

（一）对网络资源的利用不充分

随着信息技术的全面发展，借助互联网可以更为方便地接触到大量的知识内容，如在网上搜索关键字"民族传统文化"就会出现几十万条信息页面，这样海量的资源对于拓展学生传统文化的学习宽度和广度、积累更多的传统文化素材具有较为重要的意义。但从实际的传统文化教育情况来看，我们对网络资源的利用率并不是很高，学生的网络利用意识也不是很强，使得我们不能更为高效、全面地学习传统文化知识内容，我们需要进行深刻的反思。

（二）对节日资源的利用不充分

传统节日包含着丰富的传统文化资源，而且其本身也是传统文化的重要一部分，利用这些节日资源自然可以提升高中语文课堂传统文化教育的内涵，但我们对于传统节日这种传统文化资源的利用还不是很广泛，学生对于传统节日的认同感相对于西方的节日而言较低，这是需要我们积极改进和突破的一个重要的环节。

（三）对地域资源的利用不充分

地域资源是指本地的传统文化资源，如古建筑、民风民俗、地方志、历史人物等，这些地域资源可以引入课堂的教学之中有效地提升学生的学习兴趣，让学生更深刻地感悟身边的传统文化资源，有助于学生对传统文化更深入、全面地进行了解，也有助于对这些传统文化的继承和弘扬。然而，学生在课堂上对这些地域资源的接触和了解较少，而教师也未能做到介绍和宣传，导致我们未能全面地利用好这些地域性的传统文化资源，需要我们在今后的传统文化教育中积极地进行改进。

三、未能有效扩充人教版的传统文化资源

高中语文人教版教材中虽然包含着众多的传统文化资源，但相对于我国浩如烟海的书籍史料来说仍然是非常少量的一部分，这些资源内容显然不能满足学生对传统文化的学习需求，需要我们不断拓展和补充人教版的传统文化资源，如成语故事、

中国古代名言警句、古诗词、传统文化经典著作等。但遗憾的是，我们至今仍然未能有效地对人教版教材进行拓展和补充，这自然不利于我们进行传统文化教育，需要我们下一步积极地对此进行改进。

　　总而言之，我们在教学内容选择上偏重"阅读鉴赏"，这种选择不利于良性地开展传统文化教育，需要我们在人教版教材的挖掘和扩充、课程资源的利用等环节进行积极的探索，以全面提升传统文化的教育质量，促进学生人文素养的形成和巩固。

第三章 传统文化视野下高中语文有效教学策略

本章主要就传统文化视野下，高中语文有效教学策略进行探讨。第一节对全面强化教师的传统文化素养的方法与策略进行详细讲述，旨在为教师能力的提升指引方向；第二节就传统文化视野下高中语文教学应该树立怎样的教学目标进行分析，以纠正以往课堂教学中的错误目标设置，为高中语文课堂更好地弘扬传统文化打下坚实的基础；第三节就传统文化视野下高中语文课堂多样化的教学策略进行讨论，以为教师更好地在语文课堂进行传统文化的渗透奠定坚实的基础；第四节就充分挖掘和拓展传统文化资源展开叙述，以不断延伸高中语文课堂教学的效能，更好地进行文化的继承和传扬。

第一节 全面强化教师的传统文化素养

教师是一个能够给人以影响，能够让人进步的角色。韩军老师认为，语文教育是否成功，在根本上取决于执教者的文化底蕴、内在涵养和教学基本功。孔子是中国历史上第一位真正意义上的教师，从某种意义上说，《论语》是记录孔子为人为师的语录体散文。《论语·侍坐章》就曾记录孔子在与其学生闲坐交谈的过程中，以其人格力量、宽容的学者风度与因材施教的方法，润物无声地完成了对学生人生理想的教育。可见，教师是影响教学活动成败的关键因素，因此需要全面强化教师的传统文化素养，以更好地为语文教学和传统文化的继承与弘扬服务。

一、语文教师要树立基本的观念

（一）树立"教必先学"的终身学习观

苏霍姆林斯基说："为了在学生眼前点燃一个知识的火花，教师本身就要吸取一个光的海洋，一刻也不能脱离那永远发光的知识和人类智慧的太阳。"也就是说，教师的"教"来自教师的"学"，即教必先学。当今社会是学习型社会，而教师以教书育人为天职，更是要有一种终身受教和终生自我教育的精神追求，因为只有教师具备了渊博的知识与高尚的德行，才能培养优秀的学生，而教师深厚文化积淀的前提是教师首先要"学"，因为"学"是"教"的前提。"终身学习"的概念最早是由法国教育学家保罗·郎格朗于1965年的联合国教科文组织召开的巴黎成人教育大会上提出的。"终身学习"这一思想的提出立即得到了世界各国的一致认可，有的国家甚至以立法形式确立其地位。高中语文教师树立"教必先学"的终身学习观念尤为重要，因为其肩负着传承中华优秀文化的特殊使命，而中华古典文化博大精深，语文教师首先需要潜心修习，不断学习古典文化，领悟其中真谛，方能逐步提高古典文化教学水平。"教必先学"的终身学习观念，对高中语文教师来说，还有助于转换语文教育观念，有助于掌握先进的语文教学方法，便于汲取与时俱进的文化知识，是语文教师快速适应新课程改革的必经之路。因此，高中语文教师需以终身学习观念为根本，视学习为毕生事业，主动抓住学习机会，积极参与学习，不断丰富自身文化知识，提高个人修养，提升综合素质。

（二）树立终身不辍的古典文化修养观

中国古典文化在中国文化中处于核心地位，是中华民族的"灵魂"之所在。灿烂辉煌的古典文学艺术、充满智慧的古典哲学思想、浩瀚的古典文化典籍、深厚的历史等是中华民族祖先留给人类的宝贵精神资源和丰厚物质财富。高中语文教师是传承中国古典文化的使者，按理来说应该具备深厚的古典文化修养，但中国古典文化历史悠久、博大精深，非毕生精力研习不可尽得其中真谛。首先，先秦诸子百家如孔子、老子、孟子、韩非子等古代优秀的哲学家，其大思想和大智慧是整个人类的宝贵财富，是语文教师们最应该潜心修习的；其次，经典传统文化著作如《尚书》《诗经》《论语》《史记》等凝聚着古人超凡的智慧，是我们了解中华传统文化的必读之作；再次，唐宋诗词、元朝戏曲、明清小说等是中国古典文化的精华部分，高中语文必修和选修教材都节选了其中大量篇幅，是我们每个中华儿女都需要修习的传统文化知识；最后，古典音乐、舞蹈、书法、绘画等各种形式的中国传统技艺，无不展示了中华民族独特的审美鉴赏能力和文化魅力，值得慢慢品读欣赏，也为语文教师传统文化拓展教学提供有用素材。如此宝贵丰厚的中国古典文化，必不是一朝一夕所能全部掌握的，且古典文化其深厚的内容和多样的表现形式，注定了修习古典文化的持久性。再者，一个人文化修养的形成是一个潜移默化的过程，对于古典文化修养的提高更是一项艰巨且长久的工程，或许需要倾尽一生的精力才能不断提高自身的古典文化修养。高中语文教师若能对古典文化了如指掌，必定成为语文教育界的大儒。因此，树立终身不辍修习优秀古典文化的观念必不可少。

（三）树立提升古典文化修养的意识

古典文化修养的养成是一个长期艰巨的工程，只有语文教师自身从思想上重视古典文化修养，加强对古典文化修养的认识，树立提升古典文化修养的意识，方能从根本上提升和完善自身的传统文化修养。其原因主要包括以下两个方面：其一，语文课程是一门母语文化性课程，是弘扬和传承中华文化的课程，语文本身蕴含了丰富的古典文化知识，显示着丰富的人文情感和民族精神；新课标也明显加大了语文课堂上传统文化教学内容的比例，这就对语文教师的古典文化修养提出较高要求。为适应新课改的要求，践行素质教育的理念，树立提升古典文化修养的意识是语文教师的必行之路。其二，从古至今，但凡语文界的名师，无不具有深厚的古典文化知识积淀和较高的古典文化修养，如孔子、朱熹、于漪等。作为一名普通的高中语文教师，需要向榜样看齐，具有提升古典文化的精神追求。未来社会是终身学习的社会，语文教师的专业能力需要提高，人文素养需要提高，但其中最根本也最重要的是古典文化修养的提高，因为古典文化中蕴藏着古人做人、做事及做教育方面的大智慧。社会在进步，知识在更新，但作为中华民族文化之魂的古典文化不会因此受到冷落，且将倍受重视。古典文化修养是难以"灌注"和"培训"的，需要日积月累的"润泽"和"化育"，高中语文教师唯有树立提升古典文化修养的意识，才能真正发自内心地、主动地不断提升自身古典文化修养，做一名德才兼修的优秀人民教师。

二、语文教师应积极研习传统文化内容，培养传统文化修养

高中语文教师肩负着传承祖国传统文化的重任，第斯多惠曾经说过："教育者和教师必须在他自身和在自己的使命中找到真正的教育的最强烈的刺激；对他来说，把自我教育作为他终身的任务乃是一种双重的和三重的神圣责任。"传统文化包括浩瀚的文史哲知识、传统艺术、传统的伦理道德以及优秀的教学思想等，语文教师须倾其毕生精力不断研习传统文化。当然，本书所论述的语文教师修习传统文化的内容是指高中语文教师为更好地服务语文课堂教学所最应该修习的那部分优秀的"传统文化"。

（一）语文教师的古典语言修养

教师的语言是完成教学任务必不可少的工具，它的直接受众是广大的学生群体。语文是学习母语文化的学科，语文教学语言是否规范、准确、简洁将直接影响到学生学习语文课程的兴趣。高中语文教材中选取了可谓大量篇幅的古诗文，意在培养学生对中国传统文化的热爱。同时，新课标也对传统文化教学提出了较高的要求。语文教师的教学语言适时具有古典韵味，不仅能满足古诗文教学的需要，更能展示语文教师教学语言的个性化。苏霍姆林斯基曾指出："一个真正的教育者应当完善地掌握规范语言的各种表达方式。言语中包含着人与人之间的关系，因为语言是表达思想的，而思想是教育的支柱。教师应当使自己的语言、思想、信念和教诲进入儿童的心灵。"作为进行母语教育的语文教师，对中国的古典语言要有一定的敏感性，有意识地锤炼自身的古典教学语言，除注意古典语言运用的规范与精确外，若还能够在课堂上引经据典、出口成章，将对正处于青春期、思维活跃的青少年潜移默化地产生深远影响。

古典语言知识是学习和掌握汉语言文化的基础。语言的学习，要掌握三个要素——语音、语法和词汇，高中语文教师古典语言知识的储备亦是如此。中国的古典语言知识品类繁多，本书不可能面面俱到，笔者主要就高中语文教师最应该掌握的基本古典语言知识进行概述。汉语言历史悠久，词汇、语音、语法均在不断地发展演化。

第一，语音层面。首先，语音形式的变化：在古代的汉语中，单音词占大多数，如"月""天""石""田"等，随着时代的发展，逐渐由单音词发展出了双音词，如"月亮""天空""石头"等，接着又向双音合成词发展。联绵词在古汉语中也很重要，如"窈窕""徘徊""淋漓"等一些双声叠韵词，在诗词和骈文中最为常见。其次，汉语言的语音系统在变化。声调、声母和韵母构成了一个语音节，从先秦时期至今，声母和韵母都在减少。

第二，词汇层面。随着历史时代的发展，汉字顺次经历了由甲骨文到金文、到篆书、到隶书、到楷书，再到行书和草书的演变。由最初的象形、指事、会意、形声的造字法，逐渐到旧词的消逝、新词的产生，汉语的词汇量在不断增加。

第三，语法层面。通假字、古今异义字、汉语虚词、实词、省略句、倒装句、判断句、被动句、五言诗的平仄、七言诗的韵律等一些基本的古汉语语法现象，高中语文教师都应熟练掌握。

第四，古诗文层面。诗经、楚辞、战国时期诸子散文、汉赋、唐宋诗词、元曲等，在熟读、理解的基础上，诵记名家名作、名言警句，培养古诗文语感、积累古典语言素材、体会古典语言的独特魅力。高中语文教师的古典语言能力不是天生的，它需要后天不断地积累和训练。古典语言知识的积累需要语文教师在阅读古诗文作品时，有意识地分析和识记其中所蕴含的文言现象，积少成多。中国古典语言是传统文化的载体，语文教师需要大量阅读古典文献资料，积累传统文化知识，自觉培养古典语言的语感。在此基础上，语文课堂教学过程中，尤其是古诗文课堂的教学，要特别注意古典教学语言的运用。语言是思维的直接表现形式，因此高中语文教师要不断阅读中国传统文化典籍，增加传统文化涵养，训练古典语言思维。在备课古典诗文篇目时要做到"咬文嚼字"，真正理解每个字词的含义和用法，反复锤炼古典教学语言，做到不仅知其然，而且要知其所以然。古典语言的培养在阅读古典书籍、积累文言现象之余，更要注意学以致用，如创作文言小诗、文言短文等，有意识地训练古典语言知识的运用，将会在语文课堂教学中收到事半功倍的效果。

（二）语文教师的古典文学修养

文学修养是语文教师的必备"武器"。语文教师是传承中华民族文化的使者，理应具备丰富的古典文学知识。高中语文教材中选取的古诗文大多是古典文学作品中的节选，语文教师要想把课文讲深、讲透、讲出自己的风格特色，不应仅限于研究教材上的节选文，还应翻阅原著，从整体上把握文章内容。语文教师是文化的代言人、古典文学教育的实施者，其深厚的古典文学修养，既可以加强自身对古代经典名著的理解，又可以通过对古代文学作品的鉴赏发现古典文学的美感、享受古典文学趣味、丰富自身的情感体验，从而引领学生走进课文，激发学生学习古典文学的兴趣，使学生受到古典文学的熏陶。古典文学是中华传统文化中最绚丽夺目的部分，是中华民族的骄傲。古典文学历经几千年的洗礼，不仅表现形式丰富多样、名家人才辈出，还为后世留下大量脍炙人口的千古文章以及不胜枚举的经典名著。概括地讲，由上古神话到先秦散文，到汉代赋、唐朝诗，到宋代词、元朝曲，再到明清两代小说，无不展示着古典文学在不同历史时期的最具代表性、最具特色的文学成就。高中语文教师要准确把握古典文学体裁流变，掌握其精华内容，以奠定深厚古典文学修养。

先秦时期，《诗经》作为中国最早的一部诗歌总集出现，内容十分丰富，"赋、比、兴"的写作手法对后来诗歌的创作有着深刻影响。《楚辞》是另一部成就较高的诗歌总集，与《诗经》并称"风骚"，是屈原的最著名的代表作。此外，散文更是先秦一大特色，描写战争却刻画人物栩栩如生的《左传》、语言简练且鞭辟入里的《论语》、研究雄辩且有艺术感染力的《孟子》、想象奇特且语言瑰奇的《庄子》等，都具有很高的文学价值。赋是中国特有的一种古典文学体裁，兼具散文和韵文的特性，汉朝时期的赋达到最高成就，司马相如的《上林赋》《子虚赋》、枚乘的《七发》、贾谊的《吊屈原赋》等都是当时的代表作，其中，司马相如、张衡、扬雄、班固被誉为"汉赋四大家"。唐诗宋词朗朗上口、意蕴深长，绝对是古典文学中的一朵"金花"，李白、杜甫、孟浩然、白居易、辛弃疾、李清照等众人的诗词脍炙人口、流芳百世，具有极高的文学价值。唐宋时期的诗词堪称"一绝"，其文章也毫不逊色，著名的《师说》《马说》为唐朝韩愈所作，《小石潭记》为唐朝柳宗元所作，韩愈、柳宗元二人，不仅文章佳，还积极倡导了著名的"古文运动"，极大地推动了传统文化的传承；"三苏"父子——苏轼、苏辙和苏洵积极响应古文运动，三人也均在散文方面卓有成就；欧阳修也积极参与古文运动；曾巩的散文也可与"三苏"相媲美；再加上政论文成就最高的王安石，此八人诗词文章皆出众，为唐宋文学作出了巨大贡献，被誉为"唐宋八大家"。元曲一般代指元代杂剧和散曲，元朝曲的四大名家为郑光祖、关汉卿、白朴、马致远。此外，王实甫也凭借《西厢记》与"四大家"齐名。明清两代的小说成就最高，其中，《西游记》《三国演义》《金瓶梅》与《水浒传》被誉为明朝"四大奇书"。另有吴敬梓的《儒林外史》、曹雪芹的《红楼梦》、"三言""二拍"等不朽著作，都是中国古典文学库中的瑰宝。古典文学所涉及的范围极其广泛，上述名篇、名著虽只是冰山一角，但最具代表性。各朝各代名家、学者的生平经历、各自的文学代表作品，以及写作手法、写作特色、文章作品所要表达的思想感情等，都是高中语文教师应该修习的最基本的古典文学常识。古典文学修养不是一蹴而就的，它需要高中语文教师坚持不懈地读书，关注古典文学，热爱古典文学，广泛涉猎各种体裁的古代文学作品，体会作品所要表达的思想感情，从古典文学作品中汲取养料。经典名著的学习，是语文教师奠定深厚文化修养的基石。在阅读古典文学作品时，语文教师要一边读书一边思考，对文学作品要有自己独到的见解与感悟，努力提高自身的古典文学鉴赏水平。所谓"读书破万卷，下笔如有神"，写作是检验读书效果最有效的方式，读书可以帮助我们写出词句皆佳的文章，写作反过来又可促使我们更有效地读书。高中语文教师不一定要成为文言写作的专家，但适当地进行古典文学创作，可以锻炼逻辑思维，进而提高自身的古典文学修养。

（三）语文教师的传统史学修养

俗话说："文史哲不分家。"历史与语文有着相当密切的关系，有些史学家的历史著作具有极高的文学价值。语文教材上节选的传统史学文章，语文教师也可将其当作文学作品来赏析。但是，如果语文教师把史学文章当作纯粹的文学作品来解读，则会偏离大纲的要求，因此语文教师也要对中国历史、对史学知识有所了解，具备一定的传统史学修养。同样的，语文教师如果缺乏必要的史学修养，在面对古典文学作品时，即使借助教参照本宣科地解读，也难以对作品创作的历史背景、作者的生平经历、文学运动以及文学思想产生的前因后果讲清楚，这样一来，又怎能要求学生深入理解呢？"对历史的兴趣、历史意识，是人类的一个根本的文化特征，各民族早期的神话、传说、史诗当中，对人类的起源，本民族的起源、发展都作出了相当有文化意味的解释，追根溯源可以说是人类的本能之一。"换句话说，具有历史意识、拥有历史使命感，才是一位有深度、有内涵，称得上全面发展的人。因此，作为古今文化联结"纽带"的高中语文教师，具备广博的中国历史知识、强烈的历史意识是必须的。传统史学是中华传统文化的重要构成部分，中华上下五千年文明得以继承有赖于中国史学的发展。在中国史学史上，涌现出了一大批优秀的史学家和浩如烟海的史籍。传统史学内容丰富，形式多样。史书有多种分类体制，《隋书·经籍志》将史籍分为 13 类，而《四库全书总目》则将史籍分为 15 类。之所以有多种史节分类形式，是因为不同的史学家记录史实的侧重角度不同而已，本书仅选取最具代表性的、高中语文教师最应该了解的史学知识进行简要论述。

编年体史书以时间顺序记载史事，出现时间较早。《春秋》是我国现存最早的一部史书，继而出现《左传》《汉纪》《后汉纪》；宋朝时期司马光撰写的《资治通鉴》在中国史学史上具有划时代的意义。最早的一部纪传体史书为司马迁的《史记》，它可谓纪传体的巅峰之作，分本纪、表、书、世家、列传五部分，是一部纪传体通史。此外，班固著的《汉书》开启了纪传体断代史的篇章，史学史上的"二十四史"也均属于纪传体例。纪传体史书包罗万象、气势恢宏，具有极高的史学价值和文学价值。南宋时期袁枢编著的《通鉴纪事本末》，虽写作材料均来自《资治通鉴》，但编排体例新颖，以历史事件为中心，开启了史书的纪事本末体。

（四）语文教师的古典哲学修养

哲学是人类文化的核心内容，是人类文明发展的最高智慧的结晶。它是关乎人类世界观、人生观、伦理观、认识论等各方面的最高学问，是对一个民族、一个国家、一个社会的时代精神的深入剖析和总结。语文与中国哲学的关系是十分密切的，正所谓"文史哲为一家"。中国的哲学家大多兼有文学家、教育家、史学家等多重身份。一个国家、一个民族的语言、文学之所以不同于其他国家和民族是因为这个国家或民族所面临的问题、所思考问题的方向不同于其他国家或民族。处于某一特定文化、某一民族的人们对于所面临问题的思考、认识、情感体验是不同的，自然所创造的文学作品也是不同的。同样，作为对现实问题进行深入思考和分析总结的抽象的哲学自然是不同的。文学与哲学之间是互通的，古典文学与中国哲学亦是如此。高中语文教师具备中国古典哲学修养，不但在人生观、价值观等方面能给学生以指导，而且能帮助语文教师深入、透彻地分析古典文学作品、文学理论，同时对这些现象的来龙去脉作出富有深厚文化意义的解读,使我们的语文教师真正履行自身"传道、解惑"的使命。

中国古典哲学是传统文化的重心部分,对传统文化的发展起着主导作用。中国古典文学、传统教育、传统艺术等,无不受到传统哲学思想的影响。中国哲学凝聚着民族传统文化精神,是中国几千年文明不断发展的结晶。古典哲学思想历史悠久,博大精深。春秋战国时期,哲学思想非常活跃,出现了许多著名的哲学家,如墨子、孔子、老子等,形成了墨家、儒家、法家、兵家、阴阳家等众多学派,随着时代的变迁,哲学思想逐渐演变,相继出现两汉经学、魏晋玄学、宋明理学等。先秦时期的儒家思想是中国哲学精华之所在,后世哲学的诞生和发展,无不受其引导和影响。此处主要介绍先秦时期儒家的哲学思想。"四书五经"是儒家传世的经典,通过阅读儒家经典著作,可以整体把握儒家的哲学思想。以孔子为代表人物的儒家学说,是一种以人为中心的道德哲学。从"仁者,人也""我欲仁,斯仁至矣",可以得出,"仁"即"爱人",有同情心,爱己爱人,尊己尊人,拥有伟大的道德价值。儒家的整个思想可由"忠恕"两个字概括,"忠"即"夫仁者,己欲立而立人,己欲达而达人",即自己想做到,也让别人能做到;自己要诸事顺利,也让别人凡事都顺利;"恕"即"己所不欲,勿施于人",即自己不愿承受的事,也不强加在别人身上。由上述可得,儒家的这种"仁爱"精神是一种宽容之心,人与人之间互相尊敬、友爱,有强烈的道德正义感,甚至在危急关头可以"杀身成仁",实现自己的人生价值,成就高尚的道德人格。

此外,宋明理学在中国哲学上也占有重要地位,它以儒家思想为主体,建立了一套道德哲学体系。其中,宋代的朱熹、明朝的王阳明是理学成就最高的两位哲学家。中国哲学源远流长,是古人最高智慧的结晶。哲学知识本身具有理论化、抽象化的特点，对普通大众来说晦涩难懂。古人生活时代久远，历史背景我们不得详知，只能感叹先哲们思想的伟大，通过研习古典哲学著作，探究其哲学思想的"冰山一角"。我们不要求高中语文教师在中国哲学方面有所建树，但必须掌握中国哲学的基本思想。高中语文教师要广泛地阅读古典哲学著作，经常翻阅"四书五经"，不断积累哲学知识，所谓"书读百遍，其义自见"。一部《论语》常伴枕侧，常读常新。多读书，勤思考，汲取其中精华，结合现实生活中的实例，读出自己独特的哲思感悟。在解读文学作品时、处理师生关系时，以哲学思想为指导，验证所学知识；通过实践的检验，再重读哲学经典，对优秀先哲们的古典哲学思想会有更深刻的领悟，从而不断提升语文教师自身的古典哲学修养。

（五）语文教师的传统艺术修养

高中语文教师应该是位"杂家"，除了专业知识修养，传统艺术修养也不可或缺。苏霍姆林斯基认为："只有教师的知识视野比学校教学大纲宽广得无可比拟的时候，教师才能成为教育过程的真正的能手、艺术家和诗人。"艺术与文学是密切相关的，在塑造人格、陶冶性情方面共同发挥着作用。古人讲究"君子六艺"，"乐"与"诗"就是指艺术与文学。语文教师在艺术方面应该具备一定的修养，否则就会失去一项可利用的、重要的课程资源，何况中国传统艺术极其丰富，绘画、音乐、舞蹈、雕塑、戏剧等都蕴含着无限的美。语文教师若能在高中语文课堂上，适时引入古典音乐、书法、绘画等传统技艺，不仅可以让学生感受到中国传统艺术的魅力，对中国传统艺术产生兴趣，更能激发学生热爱语文的情怀，使我们的语文教学质量更上一层楼。中国传统艺术在中华传统文化中占有特殊地位。它与古典文学一样，历史悠久、文化内涵深厚，具有相当高的成就。传统艺术不但内容丰富多彩，表现形式也是绮丽多姿，在中国乃至世界艺术殿堂都熠熠生辉、光彩夺目，是全人类的瑰宝。书法、音乐、原始彩陶、建筑、青铜纹饰、传统服饰、雕塑、绘画、戏曲等均属于中国传统艺术的内容,高中语文教师应该了解古代艺术的基本内容,掌握中国传统艺术的基本常识,并不是说教师要对每一项传统技艺的知识都了如指掌,只要对一方面知识深感兴趣,就可作深入学习和研究。

(六)语文教师的伦理道德修养

教书育人是教师的天然使命,肩负着传承祖国文化使命的高中语文教师更是有此重任。古往今来,大文学家、史学家、哲学家、教育家等卓有成就的学者,都十分重视自身的伦理道德修养。苏霍姆林斯基曾经说:"由于教师和学生集体在精神上的一致性,教育过程不是单单归结为传授知识,而且表现为多方面的关系。共同的智力的、道德的、审美的、社会和政治的兴趣把我们教师中的每一个人都跟学生结合在一起。课——是点燃求知欲和道德信念的火把的第一颗火星。"课堂上,教师的一言一行都将"润物细无声"地影响着学生,对青春期少年的价值观、人生观的形成有着特殊的"引导"作用。因此,高中语文教师不仅要有渊博的知识、博古通今的本领,更需要高尚的伦理道德修养。传统伦理道德作为自我生命规范和社会秩序的重要保障,在传统文化中占据独特地位,古典文学、史学、哲学、艺术等正在形成和发展过程中,都或多或少地受到伦理道德的影响。中华民族的传统美德是在漫长的历史发展过程中逐步建构、提炼出来的一个包括人类伦理、家庭伦理、社会伦理在内的极其成熟和完备的道德规范体系,是对崇高的民族精神、优秀的民族品格、高尚的民族情感、良好的民族利益的高度概括和总结。中国历史悠久,在其传统伦理道德体系中,有精华也有糟粕,我们要批判地、有选择地吸收。以下,笔者简要概括了高中语文教师应该具备的六大中华民族传统美德。

第一是"仁爱孝悌"。"仁"是中国道德体系中的最高境界,其核心思想是"爱人"，具体表现是"孝悌"。孝敬父母、尊敬兄长，爱自己、爱他人，自己不想做的事情也绝不会强加给其他人，自己能做成的事情也尽力帮助他人完成，推己及人。

第二是"修己慎独"。曾子十分注意自我修养，曾说："吾日三省吾身：为人谋而不忠乎？与朋友交而不信乎？传不习乎？"《中庸》（第一章）提道："君子戒慎乎其所不睹，恐惧乎其所不闻。莫见乎隐，莫显乎微，故君子慎其独也。"

第三是"谦和好礼"。中国素以礼仪之邦而著名，孔子曾说："不知礼，无以立也。""礼"是一个人为人处事的美德，"礼节""礼貌""礼让"，自古就是中华民族的传统美德，体现了以"和"为中心的中国传统文化精神。

第四是"诚实守信"。孔子曾说："人而无信，不知其可也。"孟子云："是故诚者，天之道也。"诚信是一个人立身处世的根本。

第五是"精忠报国"。在中华民族五千年的生存和发展过程中，逐步形成了忠诚于国家、热爱祖国的民族精神，屈原、苏武、岳飞、林则徐等人的浩然正气激励着每一位中华儿女。

第六是"见利思义"。孔子十分强调"见利思义，见危授命，久要不忘平生之言，亦可以为成人矣"。荀子也提出："先义而后利者荣，先利而后义者辱。"义利观直接表现了中国人的传统伦理价值趋向。

伦理道德修养是一个人立身处世最基本的修养。作为教书育人的高中语文教师更应具备深厚的伦理道德修养。高中语文教师首先应以"修身"为前提。俗话说"腹有诗书气自华"，语文教师本身就是中国文化的代言人，应不断丰富自己的传统文化知识，精通文史哲知识，聆听古代先贤们的教诲，向先贤们伟大的精神境界靠近。语文教师在拥有渊博知识的同时，尤其要注意自身的言行举止，因为教师是学生行为的典范，其言行举止均会对学生产生影响。高中语文教师要以身养德，以高尚的德行树立在学生心中的"权威"，而且还需具备良好的职业道德和一颗博大宽容的爱心，与此同时，努力锤炼自己的教学语言、注意自己的肢体动作，做到言行一致，使自己成为一名"学识渊博、德才兼备"的优秀高中语文教师。

（七）语文教师的传统教育思想修养

高中语文教师，拥有广博的古典文史哲知识，懂得欣赏优秀的传统艺术，具备良好的伦理道德修养，即在专业文化知识和师德方面都有突出表现，然而要想成为一名优秀的语文教师，还应该具有先进的教育思想和富有特色的教学方法。中国古代的教育以培育"人"为唯一目标，在传授知识的同时，重视学生德行与智慧的培养。我国古代教育是融"经史哲"等为一体的大语文教育，语文教师既为"经师"又为"人师"。古代教育家们所总结出的教学方法、教学原则以及对教师修养的要求等内容都具有极高的价值，对当今的语文教育仍具有现实的指导意义。中国的传统教育是中国传统文化中必不可少的一部分，是中华民族文化得以延续、发展和创新的不竭动力，是中国五千年文明得以传承的载体。

历朝历代都对教育十分重视，出现了各式各样的教育机构，涌现了许多的教育家和异彩纷呈的教学思想。庠、序、校，据说是出现最早的学校。官学、私学是古代的两大教育模式，太学、国子监、国子学等是官学的教育机构；私学在唐代渐渐衰微，书院兴起，宋朝书院最为兴盛，著名的书院有嵩阳书院、应天府书院、岳麓书院、白鹿洞书院等。孔子是中国乃至世界公认的大教育家，一部《论语》尽展孔子智慧。《论语》的第一句话就特别强调了"时常温习"学习方法的重要性，即"学而时习之，不亦说乎"。同时，"学思结合，温故知新"也是孔子重要的教育思想。孔子教育学生，首先"视其所以，观其所由，察其所安"，也就是说，察看学生的日常行为，了解学生的兴趣爱好和经历；"听其言且观其行"说的是全面掌握不同学生的特点，针对不同学生的不同特点采取相应教学方式，即"因材施教"的传统教学思想。在教学过程中，注重学生潜能的激发，循循善诱，逐步启发学生的思维和智慧，即"启发诱导"的教学思想。此外，孔子对教师也提出要求，要求教师"身正则行，不令而从"，强调教师以身作则的重要性；提醒教师注意"言教"，即"知者不失人亦不失言"。《学记》，最早提出了"教学相长"的教育思想："学然后知不足，教然后知困。"荀子也曾提出教师的四个必备条件："尊严而惮，可以为师；耆艾而信，可以为师；诵说而不陵不犯，可以为师；知微而论，可以为师。故师术有四，而博习不与焉。"即"言传身教"的传统教学思想。

当然，除了上述优秀的传统教育思想，在中国古代教育思想中，还有许多优秀的教学思想，如"循序渐进""由博返约""长善救失""爱生尊师"等，至今仍有重要的指导意义。高中语文教师修习优秀的传统教育思想，应以阅读中国古代最重要的教育思想著作为基石，如《大学》《中庸》《学记》《论语》《孟子》等，因为它们蕴含着汉语文课程教育必须不断吸收和运用的教育思想、方法和智慧；应该经常反复阅读原著，善于总结归纳教育教学思想，真正懂得其中深刻内涵，汲取其中精华部分，积累传统教育思想理论。与此同时，古代优秀教学思想经常被现代教育教学论著所引用，语文教师在阅读现代教育著作时，注意结合古代原著，反复斟酌，借用现代解释更明晰地理解传统教育思想。高中语文教师要在教育教学实践过程中，注意学、思、问、行每一个教学环节的彼此连贯，真正做到"博学、审问、慎思、明辨与笃行"。

三、语文教师应增强自身能力

（一）教师应增强课文解读能力

无论是整合教学资源，还是依据现有教材的教学设计，都需要语文教师具有较强的文本解读能力。在传统文化视野下，文本解读能力成为当今时代语文教师最重要的职业能力。

第一，字词释义中的传统文化析出能力。汉语汉字不仅是中国文化的记录工具，其自身的外在形态也蕴含着丰厚的文化内涵。例如，"囱"，指走烟的通道。依据字族文识字法思路可推出一组同源字："囱、窗与聪（聰）"。再依据类比思维方式，"囱"，指接受外界事物的通道；"窗"，指墙上通气的洞；"聪"主要指与自然社会相通，隐含智慧来源于地上，所以聪明是指社会历史、自然宇宙等可见世界的认知能力。语文教师应该灵活掌握这一传统文化框架，才能解析清楚字词中的文化含义。可见，按照字族文识字法的思维方式，在理解此字意时，也可以采用同样的方法，又由于类比思维是最简单、最基础的思维方法，学生很容易掌握一组同源字意，而且辨析清楚，不易混淆，关键是语文教师的甲骨文字释义能力与知识的积累程度，在现有教材的书下注释中，能敏锐感悟到所需注释的字词中蕴含的文化内质与外延，能借助工具书与文献书，尽可能地为学生提供相关的文化、文体知识，这是语文教师文本解读的重要能力。

第二，哲学层面的传统文化体系梳理能力。一切的问题归根结底都是哲学问题。从哲学层面掌握中国传统文化纵横体系、思想内容、历史演变及其利弊取舍，一则更好地以此理论为背景高屋建瓴，驾驭高中古诗词解析，形成高水平的语文教师自己的文本解读版本；二则辨析精华与糟粕，传播、承袭中华优秀传统文化基本精神、思维方式、价值体系、审美情趣及道德节操等内容，这也是当今语文教师亟待提高的能力。中国传统文化形成纵横体系，一是纵向儒学体系——原始儒学、董仲舒汉儒与宋明程朱理学体系。其中，孔、孟、荀、曾建构的原始儒学最为重要，"四书"（《论语》《孟子》《大学》《中庸》）便成为提高传统文化素养必读之经典，人教版教材许多选文思想内核来源于此。如屈原《离骚》、杜甫、辛弃疾的爱国思想。二是横向先秦原始哲学体系——儒、墨、法等贵族哲学思想体系，相互交融、共生。其中，人教版选文最多的是凸显亲近自然的范文，如陶渊明、苏轼作品。先秦原始哲学体系是中国传统文化本源性、本体性与精华性的伦理哲学体系，是最基本、最重要的理论体系建构。三是唐宋浑融的思想体系，唐诗宋词的文本解析离不开唐宋时代文化的影响。明晰各种哲学体系特点、思想核心与多元价值，有助于用知人论世方法解析各时代独具特色的作家个性风貌与作品思想高度，这是中学语文教师让传统文化走进课堂必补之课，否则难以完成教育部颁发《基础教育课程改革纲要》与提高"综合素养"的各项指标，最终也难以实现教育培养学生自主发展的任务。

第三，掌握几种解析文本的方法。对于中国古典诗歌文本的解析，语文教师不仅需要充分了解中华民族传统文化体系，还需要掌握相应的方式方法，将理论知识更好地应用于实践。首先，两千多年前孟子就提出了欣赏诗歌的基本方法——"知人论世""以意逆志"，要求我们在欣赏诗词作品时应该充分了解作者的经历、品性，并全面了解他所处时代的文化、历史等环境背景。同时，还应该从作品的整体出发去理解作品主旨内涵，用自己真实的切身感受去推测作者的本意。其次，中国古典诗歌中不少作品都意境优美，不可以字句分割其整体美。我们鉴赏诗歌需要"置身诗境"从而获得审美感受，而这些意境通常是通过具有独特个性的意象群所营造的，古典诗歌可以使用意象研究法"缘景明情"，就是通过诗人笔下具体的意象，感受情景之间的关系，反溯抽象的理念，以揭示作者的风格所在，感受诗歌文化内涵。在学习人教版高中语文必修 3 中的《琵琶行（并序）》的时候，我们都会以为"琵琶"是作为线索的存在，然而琵琶本身就是这首诗歌的意象。琵琶，由于其总是演绎哀婉、幽怨的音乐，所以在中国传统文学作品中也通常象征着悲伤、惆怅的心境。白居易另一作品《琵琶》对此也是印证。《琵琶行（并序）》中还多次提到"月"和"水"，在中国传统文化中，"月"与"日"相对，"水"与"火"相对，因此"月"与"水"也往往会营造出凄凉冷清的氛围。因此，在进行古诗词教学时，教师如果单纯地停留在语言和文字表面，不仅显得单薄无力，而且容易陷入"碎片化"阅读的窠臼，影响对诗歌主旨内容的深度理解。

总之，教师不仅要提高文化素养，还需要树立终身学习的理念。从"匠"到"师"的飞跃，是一个将丰富教学实践经验升华为教学理念的过程，是一个由教学实践者到教学研究者的质性转变。这个过程需要语文教师保持开放的心态和主动获知的本领，更需要深厚的传统文化底蕴作支撑，在古诗词教学实践中，不断提高文本解读能力，经由反复实践与反思，才能进入"教学大师"的境界。

（二）教师应该强化职业技能，提高教学设计能力

一个课堂教学成功与否，不仅取决于授课教师的学科知识储备，与教师的教育教学技能也息息相关，"对于教育、教学艺术的驾驭，是需要多方面的综合能力的。这种综合能力的总和就是教师必备的职业技能"。教师是否有充足的教育理论作支撑，是否能熟练掌握各种教育教学方法，是否充分了解复杂的教育教学模式，都会决定课堂教学的效果。新课程提出课堂教学应该是教师为主导、学生为主体的教学活动，这就要求语文教师要一改传统课堂上经常出现的"教教材"的错误，而是学会"用教材教"，在面对古诗词教学的时候，不仅自身要拥有深厚的传统文化底蕴，

更要能够拥有设计适宜、有效的教学方案并进行教学活动的能力。中华民族的传统文化包括一些显性的文化知识，但也有一些隐性的精神和理念。教师在自身学习传统文化的时候，不仅会学到那些显性的知识，也会被那些隐性的中华民族精神和理念所影响，而这些知识能够对学生人格塑造和精神涵养起到更重要的影响。要想将隐性的知识显性化，需要教师掌握一些合适的方法，那么在将这些教学方法运用到课堂上之前，就需要教师能够进行完善的教学设计，这也是教师需要具备的一种重要的技能。

以《孔雀东南飞（并序）》为例，首先，教师在进行教学设计时，需要从作品中析出多元主旨内容，如封建礼教、封建家长制、忠贞爱情、焦刘形象价值等。高中生正处于"三观"形成的关键时期，又具有青春期的独特心理、生理特点，所以注重发掘现有选文积极向上的主旨内涵，给学生以正确的人生引导，这是教育的重点。所以，这篇课文教学设计时要筛选出引导学生珍惜生命与珍爱挚情辩证统一的主题，淡化殉情情节。这是考验语文教师的文化理论、心理学理论、文学原典阅读量与教学技能等综合素养的过程。其次，要善于找到合适的教学环节进行传统文化教育。如在这首叙事诗中，人物的形象特别鲜明，而且能够体现出中国传统文化中优秀的精神品质，所以教师应该注意带领学生在梳理完故事情节后对人物形象进行分析。刘兰芝的不卑不亢、人格尊严与不慕富贵，焦仲卿的忠厚善良与忠贞不渝。同时，诗中的焦母和刘兄形象，教师也应该注意引导学生用历史辩证与多元视角去分析，既要说明二人自私无情的个性，也要归因于封建礼教的罪恶。引导学生学会用历史唯物主义观看待历史人物，不能以现代观点强求古人。最后，教师需要巧妙设置思考题，帮助学生更好地理解作品主旨的同时锻炼学生的逻辑分析和辩证综合思维能力。如有关焦、刘殉情问题设题，可以设置类似"你怎样看待焦、刘殉情行为？"等思考题，从生命层面引导学生思考生命的意义与价值；也可以引导学生延伸阅读台湾作家洛夫的《爱的辩证》（一题二式），辩证地处理生命与真爱关系问题。总之，教师要有完善教学设计的能力，才能够找到正确的途径和方法将教师从文中析出的文化内涵传授给学生，教学设计能力是考验语文教师综合素养的关键环节，教学的有效性取决于教学设计水平的高低，这是教学中的内在根本因素。

我们并不要求高中语文教师成为研究传统文化的专家，或者成为古典文学、传统史学、中国哲学、传统教育等方面的学者。当然，如果有此造诣更好，不过，对于绝大多数的高中语文教师来说，这并非易事，也无须一定要成为某个领域的佼佼者，但至少熟知中华民族的文学、哲学、历史、艺术等方面的文化常识，掌握基本的高中语文教师所应必备的"传统文化"知识，灵活运用这些优秀的传统文化知识，更好地指导语文课堂教学。

第二节　树立正确的语文教育教学目标

一、树立正确的教育教学目标

（一）提高重视程度，改变只注重"达成"的思想

1. 提高重视程度

第一，教师要从内心深处全面认识到在语文课堂教学中继承和弘扬优秀的传统文化的重要性，积极将在语文课堂教学中继承和弘扬优秀的传统文化和提升高中学生语文综合能力与素养相结合，同时将在语文课堂教学中继承和弘扬优秀的传统文化作为一项重要的任务来抓。

第二，教师要积极地联合优秀的教师同行一起商讨和执行在语文课堂教学中继承和弘扬优秀的传统文化的中长期规划，并积极落实短期的教学目标规划，为在高中语文课堂教学中继承和弘扬优秀的传统文化指引具体的方向，这是最为基本的前提。

第三，教师要积极地同学生开展良性的互动，不断地通过各种途径向学生宣传和讲解，在高中语文课堂教学中继承和弘扬优秀传统文化的重要性，让学生与教师一起为语文课堂中继承和弘扬优秀的传统文化而共同努力和付出。

第四，教师要在目标的设定中认真听取学生的看法和意见，积极回应高中学生合理的诉求和建议，让课堂教学目标的设定科学而合理，为语文课堂高效地进行传统文化教学打好坚实的基础。

第五，教师要积极地在课堂教学中落实所指定的教育教学目标，给予学生有针对性的引导和帮扶，促进学生高效地学习与掌握传统文化知识，不断提升他们的语文综合能力和综合素养。

2. 树立正确的教育观念

由于受到应试教育的影响，我们在教学目标的设定上一直以"达成"为主要的目标设置指引，即在目标设定上总是以那些能看得到明显教学效果的目标为主，也就是说，只注重"知识与技能"目标的设置，而忽略了三维目标中的"情感态度与价值观""过程与方法"目标的设定，这十分不利于在高中语文课堂教学中传承和弘扬我们民族优秀的传统文化。因此，教师在目标的设定中要积极地改变这种观念，既要重视"知识与技能"目标的达成，又要注重"情感态度与价值观""过程与方法"目标的达成，做到统筹设计、有效兼顾，不能一味地唯"分数"论英雄、唯"分数"论成败，确保培养出来的学生不是"畸能"的学生，而是全面发展的学生。总之，教师要积极树立正确的教育观念，做到"有耐力""不急于求成"，为学生的全面和终身发展考虑，只有在正确教育理念指引下设定合理的教学目标，我们在高中语文课堂上进行传统文化教育才会得到更为高效的回报。

（二）要注重培养学生人文素养

人文素养是所有语文知识和能力的核心。对人类社会各种文化现象的初步了解和掌握，对人文典故的熟悉与借鉴，对人文语言的感悟与运用，对人文遗产的整合与创新，对人文精神的传承与开拓，它们共同构成人的素质与涵养。显然，这是一个庞大的、系统的、长期的人文教育工程，非中学阶段所能独立承担，但在每一个教育阶段又必须承担起培养学生人文素养的责任，因此需要高中语文教师在目标的设定上全面注重培养学生的人文综合素养。

1. 要注重传输人文知识

人文知识是人文素质中最基本的层次。语文教材作为语文知识和文化知识的双重载体，蕴含了丰富的人文知识，涉及军事、经济、政治、社会、历史、地理等各个领域。在高中语文教学目标的设定与教学中，教师可以结合教学的具体内容，有针对性地设定一些了解人文知识的课堂教学目标，并在教学中积极地向学生讲解与介绍一些相关的人文知识，使学生能够了解、认识和思考这些人文知识，进而引导学生去学习、模仿和借鉴这些人文知识。例如，在设置《归园田居》和《归去来兮辞（并序）》的教学目标时，语文教师可以让学生了解中国的隐士文化精神，从整体上来感受淡泊名利、寄情山水、追求人格的自我完善的精神力量；《寡人之于国也》反映出古代的经济文化，提出农业生产要顺应自然，这与当今社会"可持续发展"观点非常吻合，可以使学生充分认识到古人的智慧，教师在设定教学目标中要对此有一定的要求和体现；民俗文化贴近学生生活，《孔雀东南飞（并序）》中的婚嫁文化、《鸿门宴》中的座次礼仪等，都能够引起学生极大的学习兴趣，需要教师在教学目标的设置及教学中有所兼顾，为学生掌握一些基础性的人文知识打好坚实的基础。而在教学中教师要根据教学目标的设定，对这些内容进行归纳、拓展，学生充分领略到中国传统文化的丰富和悠久，也就会主动和自觉地接受优秀的传统文化，提升高中语文课堂传统文化教育的效果。

2. 要大力培养人文精神

人文精神是人文素质的高级层次。语文教材不仅承载了中国传统文化的精华，而且张扬着中华民族生生不息的人文精神。要想真正提高学生的人文素质，在传输人文知识的前提下，还要大力培养学生的人文精神。我们中华民族许多宝贵的精神品格，如民贵君轻、身体力行、舍生取义、自强不息等，需要我们在不断继承的基础上发扬光大。另外，语文教材还为我们树立了数不胜数的人格榜样，如屈原"路漫漫其修远兮，吾将上下而求索"的执着追求，苏武"杖汉节牧羊，卧起操持，节旄尽落"的民族气节，李白"天生我材必有用"的自我肯定和乐观等。每一名语文教师在教学过程中都要用心挖掘这些历史人物形象所蕴含的精神内涵，设置明确的、培养学生人文精神的教学目标，并在教学中积极引导学生与这些历史人物展开对话，使学生获得心灵上的陶冶和震撼，同时还要结合具体的教学内容，全面引导学生开展以人文精神教育为主题的实践活动，使他们感受先贤的道德力量、精神力量，自觉成为中华民族人文精神的传承者、实践者，全面促进其健康地成长与进步。

3. 要精心塑造人文品行

塑造人文品行是人文教育的终极目的。教师要积极地将精心塑造学生人文品行在教学目标中进行体现和明确，同时要全面调动各方面的因素，积极促进该教学目标的落实。一方面教师要坚持言传与身教于一体，而且要身教重于言传。教师首先要严于律己、身体力行，教学中热情饱满、作风民主、仪态端庄，在社会生活中志趣高洁、与人为善、协作奉献，让学生从教师的言行中感受到榜样的力量。另一方面，教师要引导学生努力实践，如提倡自强不息，教师就要引导学生刻苦学习、知难而进；提倡尊老爱幼，教师就要引导学生关心同学、乐于助人；提倡尊重科学，教师就要引导学生破除迷信、反对邪教；提倡环保精神，教师就要就引导学生顺应自然、爱护环境。学生的人文品行可以通过优秀传统文化的熏陶浸染、对优秀人物的认同模仿、教师的感召激励逐步地培养和塑造出来，使中国传统文化真正在教师和学生身上发扬光大。

二、积极设定合理的教学目标

教育教学目标是开展教学的依据，从时间上分，教学目标既有长期的教学目标，又有短期的教学目标。长期的教学目标一般是指部署和规定长期的教学规划，而短期的目标一般指每一小节具体的教学规划。语文教师要积极联合教育同行一起制定在语文课堂上传承和弘扬传统文化的中长期规划，全面细化每一小节的短期教学目标，不断树立正确的语文教育教学的目标，为课堂上传承和弘扬优秀的传统文化指引具体的方向。

（一）教育教学目标设定的依据

1. 要依据新课标

新课标是高中语文教学的指导性文件，对于教学的方向、如何教学、怎样教学等有着较为明确的指导，我们在前文中分析了新课标中关于传统文化教学的论述，这对教师课堂教学目标的设定有重要的指导意义。因此，教师要积极分析近几年以来新课标中对高中语文课堂传统文化教学的具体概述，并以新课标为基础和依据，积极设定契合教学内容及学生实际情况的高中语文课堂传承和弘扬优秀传统文化的中长期教学规划、短期的教学目标，全面提升教学目标设定的科学性与合理性，让语文课堂的传统文化教育实效性更强，促进学生语文综合能力的全面提升。

2. 要依据所使用的教材

语文教材是教师教学的主要工具，而教材中所选的篇章大多是较为经典的文章，具有一定的概括性、启发性和总结性，其中所包含的传统文化因素也较为广泛，如果教师在目标的设定中不全面地分析和研究教材，则有可能导致教学目标的设定偏离教材的主要方向，影响到课堂传统文化的教育效果。因此，需要教师要积极研究教材、分析教材，并以教材中的具体教学内容为指引，全面设置契合教学内容、教学主题的教学目标，让课堂的传统文化教育更有目的性和针对性。例如，在学习《孔雀东南飞（并序）》传统文化篇章中，教师有关传统文化的目标设定要契合教学内容，可以设置以下三个教学目标：一是掌握文章中的有关的文学知识；二是分析文章中所涉及的古代婚恋及其他的思想；三是文章中有哪些思想值得我们学习，有哪些思想需要我们摒弃等。教师要让学生依据《孔雀东南飞（并序）》的具体内容，拓展传统文化知识，全面提升课堂文化渗透与教育的目的性。

3. 要依据学生实际情况

学生是学习的主体，任何教学目标的设定都应该充分考虑学生的基本情况，也就是我们常说的学情，教师在进行传统文化教育时要充分考虑到学生的实际情况，积极根据学生的基本学习能力与学习特点，制定针对性较强的教学目标与教学策略，确保学生可以有效完成所指定的教学目标。例如，在学习《苏武传》传统文化篇章时，教师在设定教育教学目标时全面了解学生的基本情况，如学生传统文化知识储备情况如何、学生的语文综合能力如何、学生的基本学习能力如何等，并根据这些实际情况将学生进行合理的分层，然后根据层次的不同设置有针对性的教学目标。例如，对于基础层次的学生，教师可以设置以下四个教学目标：一是了解班固及《汉书》；二是积累重要的文言基础知识；三是品味历史传记的史学价值和文学审美价值；四是学习苏武坚贞不屈的民族气节和视死如归的爱国精神等。而对于提高层次的学生，教师可在此基础上引导学生积极进行拓展和提升，如阅读班固的《汉书》、了解汉朝当时的历史背景及汉朝的历史演变脉络等，全面提升课堂传统文化教育的针对性和实效性，促进教学效果的优化和学生综合素养的提升。

（二）具体的目标设定

1. 中长期目标设定

中长期目标的设定主要为高中语文课堂进行传统文化教育确定大体的方向，确保能沿着这个方向更加高效、有序地进行传统文化教育。语文教师要全面提升对中长期教育教学目标设定的重视程度，并积极联合优秀的教师同行及班级学生，一起研究在语文课堂开展传统文化教育的中长期目标规划，并综合考虑多方面的因素，全面制定方向明确、难度合理、具有侧重点的中长期目标规划，确保高中语文课堂的传统文化教育围绕着一个总体的目标规划开展，让教师在本学年的传统文化教育中有所依，促进教师更加高效地开展传统文化教育。在具体的长期目标设定中，教师要遵循以下三个方面的原则：一是前瞻性。所谓前瞻性，就是指在制订计划时从一个长远的角度来考虑学生对传统文化的学习与认知，充分把握好学生学习的规律和特点。二是阶段性。所谓阶段性，就是指在一个总体的规划中要对若干个阶段进行总结和归纳，并考虑学生学习的效果和存在的问题，这是提升学生综合能力的重要一部分。三是动态性。制订的计划不是"死"的，而是要根据实际的情况进行动态化的调整，以更好地适应实际的需求，大幅度提升计划的针对性和目的性，更好地开展传统文化教育。

2. 短期的目标设定

短期的教学目标，也可以说是每一小节的教学目标，其设置得是否合理对于教学效率和教学质量的影响是直接的，自然也会对高中语文课堂教学中进行传统文化教育产生影响。因此，语文教师要对短期的目标设置格外重视，并在短期教学目标的设定中遵循以下五点原则：一是具体性。只有明确而具体的教学目标，才能引导师生围绕教学目标实现有效的教学活动，也只有具体的教学目标才能激发学生在课堂学习的激情与活力。二是全面性。教学目标应能反映课程目标的要求，即要包括知识与能力、过程与方法、情感态度与价值观三个方面的要求，真正体现知识、能力、情感、态度的有机结合。三是差异性。教学目标不能统一地进行设置，而要充分顾及学生的能力、兴趣、爱好、特长等各方面所存在的实际差异，体现教学目标所具有的一定的弹性，对不同的学生要区别对待，即规定所有学生达到的最低目标，又对有余力的学生可拓展、加深。只有这样有针对性、有层次区分的教学目标，才能促进每个学生在高中语文课堂的传统文化学习中有所得、有所获，让课堂充满教师人性化的关怀。四是适度性。按照新课标中"内容标准"的要求来确定，不可抛开"内容标准"降低或拔高，这是硬性的规定，教师要对此有深刻的认知与理解。五是可操作性。具体明确的教学目标便于操作和检测，不能空泛和含糊。

总而言之，语文教师要在教学目标的设定中积极树立正确的语文教育教学观念，全面改进以往教学目标设定中存在的各种问题与弊端，积极在传统文化教育中强化对学生综合素养的培育，全面制定行之有效的中长期教学目标规划，积极明确每一小节的教学目标，让合理、明确的教学目标指引教师在语文课堂更加高效地开展传统文化教育，促进学生综合能力的全面提升。

第三节　综合运用多样化教法实施教学

教学方法是高中语文教学的重要依托和重要载体，语文教师要积极联合优秀的教师同行，不断研究和创新教法运用，积极探索语文课堂教学中传承和弘扬优秀民族传统文化的有效方法和策略，并积极在教学中综合运用多样化教法实施教学，不断激发和唤醒高中学生在课堂学习传统文化的意识和热情，为学生更为高效地学习和掌握优秀的传统文化教学内容创造良好的条件，并以此全面带动高中整体教学质量的提升。

一、以多种课型为弘扬传统文化的突破

（一）阅读教学课

从语文教学本身来说，不管是语文基础知识、基本能力的教学，还是"情感、态度、价值观"的培养都是在一个教学过程中完成的，它所有要传授的内容和知识，都是前人积累下来的优秀文化，因此语文教学本身就是传授传统文化。阅读教学在高中语文教学中占有极其重要的地位，要把阅读教学作为弘扬传统文化的主阵地。

第一，从课文主题入手，挖掘深刻的思想内容，从中获得对自我人生的有意启迪与教诲。例如，学习陶渊明诗作，可以让学生感受追求自然美的审美情趣；通过

对名篇《蜀道难》中"青泥何盘盘，百步九折萦岩峦"等句子的解读，让学生感知即使是李白意气风发的诗作，也含蓄委婉地展示了他对人生与世道的感叹；学习屈原的《离骚》，引导学生感知屈原在长期放逐的年月里，仍然眷念祖国、热爱人民的崇高情怀和"虽九死其犹未悔"的执着精神，从而唤起学生对祖国的热爱之心。

第二，从故事情节入手，挖掘作品的文化内涵，让学生受到心灵上的震撼。例如，阅读《红楼梦》，可以通过梳理故事情节，引出"封建专制"这个具有中国特色的"文化现象"，以及这个"文化现象"的牺牲品——贾宝玉、林黛玉以及薛宝钗等封建贵族青年的爱情悲剧。"封建专制"是传统文化的糟粕，但对于这种文化内涵的学习，有助于学生对优秀传统文化的鉴赏，也可以开拓学生的视野。

第三，从课文注释、课文插图、课文引语入手，挖掘有关传统文化信息。现行的中学语文教材，不管是什么版本，每篇课文不仅有文学的注解，而且也有插图、引语的提示。这些内容以"传统文化信息"为主，为语文教学提供了丰富的信息资源。以人教版高中语文必修 2 为例，仅插图就有中国写意画莲花、明代陈洪绶的《屈子行吟图》、"孔雀东南飞"配图、明代文徵明《兰亭修葺图》（局部）等多幅饱含中国传统文化信息的图片，增强了阅读教学趣味性。

第四，从课文词句入手，挖掘相关的文化背景和情境意境。这一点特别适用于古诗词教学。中学语文教材里选入的古诗词都是名家名篇，这些名篇文化背景深厚，情境意境深远。如学习苏轼的《赤壁赋》，只有从理解词句入手，才能从字里行间体会出作者复杂的情感变化。作者把这些内容融合在一起，营造了一种壮阔的意境，这也体现了只有中国的传统诗词才能给予我们的审美意境。

（二）写作课

作文是一项复杂的创造性的智力活动，它是"物—意—文"的双重转化。首先是将现实生活、客观事物——"物"，转化为作者的观念和情感——"意"；其次是将头脑所获得的"意"转化为书面语言——文。这是已经被心理科学所证明了的写作规律。然而在教学实际中，写作课几乎是最不受学生欢迎的语文课。因此，高中作文教学应该满足学生的求知欲，给予学生创造的欢乐等各种情感体验，从而使学生带着高涨的、激动的情绪进行学习和思考，使教学成为一个充满活力和激情的活动。

要扩大学生对中国古典文学的阅读量，让他们通过阅读积累写作素材，增强对中国传统文化的认识。"知"和"能"是辩证关系，要想提高学生的写作能力，必须不断地给学生"充电"，因为学生不是写作的机器，如果没有大量的知识信息做保障，是无论如何也写不出好文章来的。在写作课上要教育学生以诗化的语言和富于文学性的表达提高文采。古典诗词是中国博大精深的传统文化中一颗耀眼的明珠，要想让传统文化得到继承和发扬光大，古诗词的积累和运用是必不可少的。在传统文化中，最便于记忆、最具实用性、最能表达人的心境的非诗词莫属，教师要发挥引导作用，将学生素材积累的多少作为衡量学生写作能力的重要标准，不断地让学生自觉夯实自身的传统文化知识储备，让学生在积累素材的过程中，加深对这些传统文化内容的理解和认知，全面提升学习传统文化储备。

在一定的情景下，引用、化用古典诗词，更彰显了一个人的品位与内涵。因为古典诗文蕴含着深厚的文化底蕴和情感资源，妙用古诗文名句可以激活语言表达，使文章散发出浓浓的书卷气和文化气。在写作中灵活运用古诗词，可以丰富文章的内涵，提升学生的审美情趣，从而使古代优秀的文化遗产在高中生身上得到继承与发展。教师要积极强化自身对学生的引导，让学生积极地将所学和所积累的传统文化知识素材应用到自己的写作之中，使学生在写作中较为深入地感受我们民族优秀的传统文化，增加他们对这些内容的再认知与再理解，不断提升学生的写作能力和人文综合素养。

（三）活动课

活动课作为学生学习语文知识的重要补充课型，对于学生深刻地学习和感知语文知识内容具有较为重要的作用和意义，语文教师要积极应用多样化的、有内涵的活动课型，并在活动课中有效地维持好学生活动开展的秩序，发挥好辅导和帮扶的作用，不断激发学生的参与性和活跃性，引导学生在活动课中有效地学习和把握传统文化内容，全面提升学生传统文化学习的效能。

1. 经典诵读课

高中课程安排紧张，但可以利用早读时间系统地开展经典诗文朗诵活动。这就构建了一种以提高人文素养、弘扬民族传统文化、丰富传统文化积累为目标的语文拓展课。学生声情并茂地诵读经典，与经典文本展开对话，从中可以领悟中国传统文化的丰富内涵，探讨人生价值和时代精神，有利于他们逐步形成自己的思想、行为准则，树立积极向上的人生理想，增强为民族振兴而努力的使命感和社会责任感。

2. 影视欣赏课

电影电视的文化传播能力不容小觑。近年来，中国的影视艺术将传统文化元素纳入创作范围，对传统文化资源进行开掘和运用，呈现出一批精品佳作。如2009年，胡玫导演的电影作品《孔子》将中国精神和思想的代表人物——孔子，以艺术影像的方式展现在人们面前，并通过典型的历史事件和戏剧性冲突，较为成功地将孔子的思想和学说传达给了观众；电影《卧虎藏龙》等武侠片表达了深邃的中国传统文化精神；《大宅门》《乔家大院》《闯关东》等电视剧通过历史上的传奇故事、传奇人物、传奇景观等"间接"地展现了中国人的品质和美德，展现了中华民族的精神与品格。有选择地组织学生观看这些影视剧（片段），其本质是以一种寓教于乐的教育方式加强学生的传统文化意识，培养学生的民族精神，丰富学生对传统文化的积累。

3.综合实践课

我国地域广袤、风俗各异，不同民族、不同地域孕育了独特的传统文化。生活是情感的发源地。语文教师可以就地取材，打破课堂和学校的局限和禁锢，组织"家乡的传统文化"等主题实践考察活动，让学生走出课堂，走向动态的、多元的生活，在实践中了解家乡传统文化，进而丰富传统文化的积累，培养爱乡爱国的崇高情感；还可以指导学生为家乡撰写宣传语、导游词，培养学生的应用写作能力和口语表达能力，学生在感兴趣的自主活动中提高语文素养，弘扬本土文化。开设这类语文拓展课可以引导学生积极参与实践活动，学习认识自然、认识社会、认识自我、规划人生，实现高中语文新课程在促进人的全面发展方面的价值追求。

二、以综合运用多元教学方法为途径

（一）对话教学，渗透文化

哈贝马斯提出的对话交往理论认为，不管是人与人还是人与物，之间的对话都不是对立的，应该是互为主体的。他主张一种让人能够平等地参与交往，在没有压力的环境下进行的"自由对话"，这就是如今被用于教学实践的对话式教学模式。

广义的对话式教学不仅包括教师和学生的对话、学生和学生之间的对话，还包括师生和自我、文本之间的对话，而在传统文化视野下开展高中的古诗词教学需要抓住"教师与学生"对话的环节。师生间的对话是以文本和汉语言为媒介，良好的师生对话能够促进学生与文本的对话，让学生更好地理解文本、感受文化。

传统文化视野下的高中语文对话教学需要掌握以下三个要素或者规则：其一，对话是平等的。古诗词课堂上的对话环节，教师和学生都不是绝对的权威，课堂上的每一个角色、每一个个体都享有平等对话的权利。教师不是向学生灌输诗词作品中的文化内容，而是要在平等的交流中自然而然地渗透。其二，教师应注意倾听。传统的教学，教师多擅长表达，但是在对话教学过程中，教师应该注意倾听，是对学生的尊重，也有利于对学生反馈的信息进行客观处理，从而完善教学。其三，对话是互动性的。对话不是单向的，而应是双向或多向的，不能只有教师的话语，也不能只有学生的话语，只有他们在公平和倾听的前提下都能够顺利地表达自己的观点，对话才是完整的。

当然，传统文化视野下高中语文教学中开展对话教学还有以下两点是不能忽视的：首先，对话不能够脱离古诗词的文本内容，不能漫无边际地交流，要基于对文本的研读和文化内涵的分析开展有计划地对话。其次，教师不能忽视对师生对话的引导。对话过程中教师不必掌握话语的权威，但是要注意对交流的内容和方向进行引导，以保证对话的有效性。利用这样的对话方式进行语文教学，课堂氛围将变得更加轻松，学生的参与度和存在感也能得到增强，自然激发学生自主学习的兴趣，激活学生潜在的思维创造力，也能更好地化识为智、为仁或为美的情趣。良好的师生对话不仅有利于教师在课堂中渗透中华传统文化内容，有助于学生思辨能力的提高，更有利于学生对于中华传统文化的接纳和吸收。

（二）情境教学，审美熏陶

情境教学法是指在教学过程中，教师有目的地引入或者创设具有一定情绪色彩的、以形象为主体的生动、具体的场景，以引起学生一定的态度体验，从而帮助学生理解教材，并使学生的心理机能得到发展的教学方法。情境教学法的核心是激发学生的情感，寓教学内容于具体形象的情境之中，通过直感体悟的方式，接受教师、教材给予的潜移默化的内容暗示。20 世纪 80 年代，我国的李吉林老师首先在国内展开了情境教学的探索，对整个教育界尤其是语文学科开展教学活动都具有指导意义。她认识到传统学校教育习惯性地把学生当作知识接纳的对象，学生只需要认真地听讲，思维活动就习惯性地养成了依赖和定式，被动地接受，使得他们不会主动感受和思考。如果不能创设多元的情境，只会让课文中的语言文字和标点符号单调乏味，不能激活其生命。因此，情境的创设就给学生营造了一种全方位的感官体验环境，学生在这样的环境中进行优秀语文篇章的熏染，陶醉于文字、声音、画面的三维立体环境之中，对于作品的欣赏会更直观，理解会更透彻。学生能够在优美的情境中与高贵的灵魂对话，与高尚的思想交流，让语文教学对学生审美感知的教育在"润物细无声"的境界中完成。

情境教学法是教授言不尽意的诗、词、曲等韵文体裁的最好方式，学生在教师精心营造的情境中，或体悟审美情感，提升审美情趣；或适度消解负面情绪，修养身心，振奋精神，都是"人的发展"所必需的环节。

（三）诵读教学，涵养精神

"诵读"的"诵"在《说文解字》中的解释是："诵，讽也。""讽"的解释是："讽，诵也。"段玉裁作注时说："倍（通背）文曰讽，以声节之曰诵。"意思就是用抑扬顿挫的声调有节奏地读。"诵读"，严格地说与"朗读"是有区别的，诵读是在朗读的基础上更加注重阅读的情感、节奏、停顿、语调等，即诵读是在初步理解内容基础上的朗读。

诵读可以强化学生的文本感知，让学生在多元形式的参与下、生动的课堂氛围中更好地借助课文内容涵养文化精神。文言字少而意深、单音而韵味长，需要通过放声诵读才能更好地记忆和理解。通过诵读来开展语文教学，尤其是诵读古典诗词，成为语文教学的重要环节。而我国的古典诗歌比古代散文作品语言更精练、内容更明确、感情更突出，所以更加适合开展有组织、多形式、高质量的诵读教学。开展诵读教学，主要可以从以下三个方面进行。

第一，教师应该激发学生诵读的兴趣，高中生不同于小学生的就是不太喜欢大声诵读，喜欢静静思考。语文教师可以借助音乐、歌曲、画面、教学语言描述等，与情境教学法结合，如前文列举的《望海潮》，教师可以通过制造与诗词适宜的良好的诵读气氛，引导学生进入动情诵读的境界之中；或者设计诵读竞赛等活动，利用学生的求胜心理和团队意识，为学生诵读提供诵读动力。再如，教师可以介绍作者的趣闻逸事，吸引学生诵读探究的兴趣。类似的方法，能够激活学生潜伏的热情，而这是诵读教学的第一步。

第二，高中诵读教学目标设置应关注悟理知义。高中阶段的语文诵读教学的重点应该放在超越诵读的字词表层，直悟诗词内在主旨情趣，聚精会神捕捉言外之意、弦外之音，达到"得意而忘言，悟理而遗教"的至高境界。只有如此才能实现与作者灵魂的对话，在诗词美景中，或陶冶心灵，或激发仁爱，或感悟人生哲理，或砥砺人生斗志，亦即高中诵读重在"悟理"而非"诵读"本身。古诗词对情感的熏陶、精神的提升、习惯的养成、人格的塑造，起到无可估量的作用。加强学生自己的诵读实践，"不仅能扎扎实实积累语言、积累文化，而且能在思想情操上受熏陶"。

由此可见，诵读教学不仅有利于学生悟出文本主旨内涵，对于学生的情感、态度、价值观也有很大的影响，能够帮助学生重建或完善自己的审美观和文化素养，而这些都应该是诵读教学的目标指向。

第三，应在传统文化视野下进行有针对性的诵读指导。教师在诵读之前要进行基本的、传统的诵读指导，而在诵读过程中，教师要依据课前对诗词主旨的教学设计，适时、准确、巧妙地以思考题的方式传导给学生，引发学生入境、自悟理情，引导学生在教学过程中边诵读、边讲解、边指导，如此往复、强化，从而帮助学生逐渐获得对于作品的个性化解读，更好地理解作品。例如，张若虚的《春江花月夜》是人教版高中语文选修教材《中国古代诗歌散文欣赏》中比较难以深度领悟的唐诗之一。语文教师可以借助多元教学方法，利用学生的地理知识迁移，再借用情境教学法，先把学生带入张若虚设置的天地境界之中，再利用视频声像朗读、教师范读、学生群读共同作用于学生心灵。语文教师在此基础上，再推出个体生命只有融入宇宙、社会群体之中才能得以永恒，才是生命最后归宿的哲理美，并在诵读中结束教学过程，而这样有指导地诵读，会给学生留下余味无穷的审美效果。

（四）延伸拓展，化识为智

传统的文言课堂教学方法单一，过分注重文言知识的讲解，但实际上，我们从中国古典诗歌的学习中可以延伸拓展出很多教学内容，不仅是教学形式的拓展，也可以是传统文化的延伸。

第一，拓展古诗词阅读范围。高中语文必修教材中选取的都是我国古典诗歌中的经典作品，要想更好地加深学生的文化底蕴，需要增加学生的古诗词阅读量，并通过有效地整合，帮助学生更好地理解民族文化精髓，积淀文化。这就要求语文教师注重选修教材和其他辅助教材的延伸拓展教学。一是巩固必修教材中的主旨内容，如人教版的"家国情怀、社会关爱、人格修养"等主旨内容；二是拓展必修教材内容，首先是诗词篇目拓展，可以以人教版高中语文选修教材中的《中国古代诗词散文欣赏》为主，笔者建议加入中国台湾诗词选文内容，培养学生尊重多元文化的意识，以及多元视角涵泳传统文化的能力。其次是解读深度拓展，如前文提到张若虚的《春江花月夜》，需要拓展中华优秀传统文化的时空思辨方式，人生至高的"天地境界"，以及诗歌设计的宇宙概念、地理知识，以及《西洲曲》的相思主题与意象抒情手法。概言之，教师要深度拓展文化理论与加强原典阅读积累，拓展时注重与必修教材主旨的衔接与体系连贯。

第二，依托古诗词教学增加练笔。目前，由于高考等各级考试不考查学生运用文言表达的能力，教师在古诗词教学过程中往往忽视了学生练笔的重要性，也导致"文本阅读能力与写作能力成为语文教师专业成长需要突破的瓶颈"。语文教师在增强文本解读能力的同时，率先示范，提高对于学生的文言练笔的重视，并将其融入课堂教学过程之中。2015 年，鞍山八中举行"同课异构"观摩课，其中一位青年教师就将柳永《望海潮》与自己改写的《望海潮》对比，让学生分析利弊，学生都争先写词作对，这是一个很值得肯定的练笔教学案例。写作是课堂教学的延续拓展，也是学生训练书面表达能力的必要环节。大数据、无纸化时代，更需要加强学生书面表达能力训练，不单纯是表现手法训练，也是逻辑思维能力的有效训练。训练方式多样，可以训练学生用散文化的语言翻译有较高审美价值的古诗词作品，或者结合古诗词作品所蕴含的精神文化主旨进行写作等。这样的延伸拓展，不仅可以加深学生对古诗词作品的思考和感悟，而且可以提高学生文学创作的能力，在阅读与写作中加强文化底蕴。

第三，开展系列活动。传统文化视野下的古诗词教学不应仅停留在"教师教，学生学"的课堂教学模式中，可以开展丰富多彩的校内外活动。例如，模仿央视节目开展校内"诗词大会"比赛，用多样的考查形式、丰富的考查内容，督促学生深入了解我国古典诗词及其蕴含的传统文化，同时在校内营造良好文化氛围；还可以邀请校外专业人士对学生开展古诗词传统文化解读等相关讲座；亦可带领学生开展社会实践活动，将从古诗词中学习到的良好品质、民族精神等付诸实践。

类似的教学活动可以使有限的古诗词课堂得到延伸拓展，帮助师生构建传统文化体系，学生在积淀文化的同时也加强了其对传统文化的信心。

三、以研究性学习作为学生知识获得和能力提升的基本方法

新课标提倡自主、合作、探究的学习方式，所以教师应该帮助学生改变学习理念，为学生创设良好的自主学习情境，引导学生讲求合作，重视探究。

（一）以问题的设计为学生自主探究的起点

新课标提倡把课堂还给学生，让学生做课堂的主人，让学生在交流、合作中获得知识，提升能力。这种理念就要求教师能够对讲授内容进行宏观的分析和知识整合，为教学设置问题或研究题目，来激发学生的学习兴趣和探究兴趣，引起学生的广泛交流。问题要有概括性，覆盖主干知识；问题要有深度，能够引发学生深入思考；问题的设计要与学生的生活相贴近，有趣味性，让学生感到亲切；而且要有延展性，能够为学生质疑探究搭设跳板。在高中语文课堂教学中，问题的设置应注意以下三点。

1.提炼重点

高中语文教学要在有限的课时内完成规定的教学任务，这就需要教师对教科书的内容大胆取舍，使"全盘授予"变为"提炼重点"。这就要求语文教师细读文本，以自身丰富的传统文化底蕴为基础，根据关键词语或其中的重点、矛盾之处来设置问题，保证学生有足够的时间和空间探索学习，成为学习的主人。

例如，《琵琶行（并序）》小序中"铮铮然有京都声"一句蕴含深意，教师可以摘出"京都"二字来发问。学生通过查阅资料和讨论，可以得知，儒家思想传统中的"修身、齐家、治国、平天下"是古代知识分子尊崇的信条，到权力的中心——京都做官一般被他们视为最高政治理想。"予出官二年"意为"我离开京城，到外地做官两年"，此时的白居易已经被贬逐出"京都"，这京都之音让他感觉到被贬谪的苦痛，所以才会有"同是天涯沦落人"的感慨，才会有"座中泣下谁最多，江州司马青衫湿"的忧伤之意。

2. 鼓励感悟

现在的高中学生获取信息途径多，获取的信息量大、信息种类丰富多样，由此对同一问题的看法也千差万别。教师应该避免干扰学生的体验、理解，要调动学生思维的主动性，鼓励学生用自己的知识积累和情感体验解读文本，鼓励学生根据自己的阅读体验及人生经历等解读中国传统文化内涵，有助于对传统文化的理解和创新。

例如，学生在辅导书上看到《迢迢牵牛星》一诗，虽然感觉这首诗很好理解，但有的学生提出疑问："'迢迢牵牛星'是说牵牛星和织女星相隔遥远，但后面又说'河汉清且浅'，这一远一近如何理解？"该诗主题与爱情有关，虽然不提倡高中生谈恋爱，但实际上处于高中阶段的学生觉得爱情既神秘又美丽，关于爱情的话题对他们而言充满了吸引力。于是，笔者利用这个机会让学生谈谈自己的理解。有的学生认为："恰如秦观的名句'两情若是久长时，又岂在朝朝暮暮'所言，两颗星虽然相距很远，但只要两颗诚挚忠贞的爱心始终不变，那么再远的距离也不是问题。"有的学生却认为："郭沫若也曾经写道：'那浅浅的天河，定然是不甚宽广。'《天上的街市》寄托的是他对光明幸福的热烈向往和对理想社会的翘首企盼。织女隔着银河遥望牵牛的愁苦心情，实际上是用来比喻思妇与游子相思，抒发人间别离之感，因此虽然'河汉清且浅'，却是一种可望而不可即的悲凉。"还有的学生提出："泰戈尔说：'世界上最远的距离……而是/明知道/彼此相爱/却不能在一起。'因为距离阻断了见面的痛苦是可以排遣的，咫尺天涯的痛苦却无从消释。"面对学生感兴趣的话题，教师要给学生创设一个宽松的氛围，鼓励学生大胆地表述自己的看法。学生调动自己的所见、所闻、所感来思考问题，也就做到了把课堂内外和谐地融为一体。

3. 挑战传统

新课程改革注重学生创新思维的培养，当前的高中生获取信息的渠道增多，而且自主意识较强，往往敢于大胆地表达自己的观点。教师应该尊重学生的个性，鼓励学生自由讨论发言，为学生创建一种平等、开放的课堂环境。教师要充分关注学生在阅读中的主动态度、多样需求和独特心理，更应该敢于率先打破传统思维的限制，利用具有挑战性的问题激发学生的探究热情，引导学生充分享受钻研的乐趣。

例如，笔者在教授《离骚》一文时，很多学生对屈原的生平、身世等畅所欲言，课堂气氛轻松而热烈。这时候忽然一位男生站起来问："老师，谁看见屈原投江了？"由于这个男生平时比较调皮，经常与教师、同学开玩笑，同学们对他的提问报以哄堂大笑。然而，他很不服气，又大声重复了一遍："谁看见屈原投江了？"他的意思是谁能证实屈原投江而死，本来笔者想敷衍过去，可仔细一想，这个问题的"含金量"很高，是引导学生正确审视古代作品的好时机。于是，笔者肯定了该男生大胆发问的行为，赞扬了他善于思考、敢于质疑经典的精神，但并没有急于阐述自己的观点，而是放手让先学生查找资料、讨论。有的学生发言："屈原虽然被流放，但他的死必然要上报当时的朝廷，所以他投江而死必有其事，或者被当时百姓看见然后在民间传开也是极有可能的。"更有学生说道："关于屈原的死因，广为流传的是'殉国说'，还有'愤世说'，还有一种说法，是'赐死说'。古代'刑不上大夫'，'大臣有罪，皆自杀'。屈原不仅曾任过三闾大夫，而且还任过仅次于令尹的左徒，那么他的流放，实际是变相的死刑。因此，屈原投江不一定是真实的。"在听完学生的回答后，笔者总结："司马迁的《屈原列传》中写的是'怀石遂自投汨罗以死'。然而，又写了屈原投江前与渔父的对话，渔父是否真实存在也被很多人讨论。曾有人评价《史记》中项羽被围垓下与虞姬唱和的场景，在这种非常时刻，项羽怎么还有闲心唱歌？即便是有，虞姬死、子弟散，谁听见了？谁记录传播？所以像这些，无论事之有无，应该是司马迁'笔补造化'，艺术的加工罢了。所以，对于这个问题的回答没有标准答案，我们敢于向传统挑战的精神是值得肯定的，对于这种问题的探讨，能够提高我们的探究能力，希望大家发扬下去。"

（二）组织小组活动，促进学生合作交流

1.组织小组协作式研究性学习，拓展信息空间

中国传统文化博大精深，有时一篇选文就蕴含了大量的传统文化信息，如果没有充裕的教学时间，以传统的"师传生受"的教学方式进行教学是达不到良好的教学效果的。由于多数学生习惯了在课堂上充当"听课者"的角色，教师应该指导学

生采取小组协作式研究性学习，鼓励学生发挥自主性和选择性，利用学生多渠道获得信息的有利条件，拓展语文学习的信息空间。教师可以根据学习内容精心设计一个大的学习主题，由各学习小组自主设置小题目，再由小组同学分工合作，共同完成信息搜集、学习整理、讨论归纳等学习任务。在此基础上，教师组织学生在全班进行汇报、交流和展示。

例如，学习《短歌行》时，某教师设计的学习主题是："____中的曹操"。各学习小组分工协作之后在全班进行展示，各组展示如下：

第一组：《三国演义》中的曹操。《三国演义》作者罗贯中，名本，山西太原人。《三国演义》是中国文学史上第一部章回体历史小说，但并不是简单地复述历史人物和历史事件，而是一部经过改编的文学作品。它以拥刘反曹为主线，提倡封建道德，特别是宣扬忠和义。《三国演义》中的曹操是一个既有雄才大略，又奸诈多疑的典型形象。"一说曹操，曹操就到"说的就是他的阴险和防不胜防。《三国演义》首先肯定了曹操击败吕布、扫荡袁绍、统一北方等历史功绩，如第十八回引用郭嘉纵论"曹操优于袁绍"的十个方面，符合历史的真实性，充分体现了历史小说"七实三虚"的严肃性。但是，出于文学形象刻画的需要和曹操形象的大致影响，小说里的曹操更多的还是一个反面形象。例如，曹操杀害故人吕伯奢一家后声言："宁教我负天下人，休教天下人负我。"如此狠毒的心性体现了他的忘恩负义和残忍无情。

第二组：京剧中的曹操。有一首歌唱道："蓝脸的窦尔敦盗御马，红脸的关公战长沙，黄脸的典韦，白脸的曹操，黑脸的张飞叫喳喳。"今天我们就来看看白脸的曹操（多媒体展示图片）。京剧中的白色脸有以下三种用意：一是童颜鹤发的老英雄；二是奸凶武人；三是刚愎不仁之人，如《失街亭》的马谡。因为曹操是奸臣，而奸臣的脸谱用白色打底，所以曹操在京剧中的脸谱是白色的。京剧主要表现曹操奸邪的一面，天下头号奸臣的一面，以"狼狈、愚蠢、慌张、逃窜"等形象示人，常常用来衬托周瑜、孔明的智慧，衬托关羽的忠义。

第三组：电视剧中的曹操。旧版《三国演义》中最成功的主角是曹操和诸葛亮，分别是由鲍国安和唐国强扮演的（多媒体展示图片），演绎出了曹操"治世能臣，乱世奸雄"的形象，诸葛亮也表演得入木三分。新《三国》是一部电视剧，它的本质就是戏剧，而不是历史。它的着力点是人物，而不是道德。它关注的是审美，而不是尊贬。它把我们熟悉的三国故事中的情节和人物打碎了，还原为素材，自出机杼地重组和改写，尤其是对宫廷权谋进行了充分的演义。新版中最成功的角色是曹操、刘备和司马懿。陈建斌扮演的曹操（多媒体展示图片）简直就是一个心性自由的"自然之子"，他把世间的俗套和偏见看得太透彻，是这个百无禁忌、自立权威的网络时代的代言人。曹操的经典语录："圣人之道要是管用，圣人早就自己一统天下了！""知道为什么人的脚那么白吗？因为它老藏着！""要杀就杀嘛，何必犹豫呢，搞得自己很痛苦！"

第四组：电影中的曹操。这个是《赤壁》中的曹操（多媒体展示图片）。《赤壁》是吴宇森执导的史诗大片，投资规模达8000万美金。在这部电影里，曹操醋劲十足，因为他钟爱的小乔誓死不从于他，令他大发雷霆，执意攻打东吴。电影《铜雀台》中周润发饰演曹操（多媒体展示图片），我们发现他和《满城尽带黄金甲》里的皇帝很像，是不是？这个曹操很颠覆，他宽容地对待想杀自己的刺客，根本就没有乱臣之心。更颠覆的是《越光宝盒》中郭德纲扮演的曹操（多媒体展示图片）。提起郭德纲，就算不听相声，想到他的模样大家也会觉得搞笑。这个曹操基本没有了以往的冷面阴险，而是在威猛之余多了一些滑稽和幽默。

第五组：《三国志》中的曹操。《三国志》是由西晋陈寿编写的纪传体国别史书，不仅是一部史学巨著，更是一部文学巨著。《三国志》对曹操作出了很高的评价。《三国志·武帝纪》篇末："评曰：汉末，天下大乱，雄豪并起，而袁绍虎视四州，强盛莫敌。太祖运筹演谋，鞭挞宇内，揽申、商之法术，该韩、白之奇策，官方授材，各因其器，矫情任算，不念旧恶，终能总御皇机，克成洪业者，惟其明略最优也。抑可谓非常之人，超世之杰矣。"（多媒体展示）《三国志》着力描写了曹操的文治武功和卓越才能，表现曹操的旷世奇功和济世之才。

第六组：文学史中的曹操。在中国文学史上，曹操多才多艺，精通书法、音乐、围棋、歌咏，创作了不少出色的诗歌，现存二十余首，均为乐府诗。他的诗作主题，一是反映汉末战乱的现实和人民遭受的苦难，如《蒿里行》中的"白骨露于野，千里无鸡鸣。生民百遗一，念之断人肠"，他的诗被后人称为"汉末实录"；二是表现他的政治主张和统一天下的雄心壮志，如我们学过的《观沧海》，沧海的形象和气魄是诗人博大胸襟的写照，《短歌行》抒发的是他求贤如渴的心情和统一天下的壮志。曹操不愧为建安文坛的领袖。

可以看出，学生围绕曹操进行资料的搜集取舍，穿越古今，正说戏说，涵盖了小说、史书、戏剧、电视、电影等方方面面，使得曹操的形象立体丰满，能够一改学生对"白脸曹操"的看法，有助于学生学会客观地评价人物。学生的展示或严肃正统，或风趣幽默，效果要远远好于教师一个人、一个内容庞大的课件的讲解。小组合作学习不但提高了学生的学习能力，也培养了学生的互助合作的精神。在交流活动中，为了展示本小组的学习成果，大家分工合作，不同的内容由不同的学生进行讲解，还有的对演示文稿、板书书写也进行了分工。小组合作学习增加了学习内容的开放性，小组交流的信息和容量远远超过了教师预设的框架，明显激发了学生创造的灵性。

2.组织小组进行分享式自主学习，提高学习效率

语文的学习讲究聚沙成塔、积累渐进。有些语文知识，教师认为自己不讲，学生就不能掌握，于是就苦口婆心地讲解，却收效甚微。人本主义心理学家罗杰斯有一种观念，即没有人能教会任何人任何东西。这句话我们可以理解为学生学会任何东西，最终都要通过自己的内化，因而这个最后过程并不是教师完成的。因此，教师可以通过小组合作学习的形式，把学习、发现、互助、分享的权力放给学生，提高学习的效率。

3.组织小组进行表演式成果展示，彰显学生个性

语文学科的知识大多数需要学生在语言实践中逐渐领悟、操练而获得，因而教师要给学生提供展示学习成果的机会，使学生在切切实实的学习实践中，习得知识，形成能力。除了对学生的精彩回答予以恰当的点评，对学生的质疑精神予以鼓励，还可以采取小组合作的形式专门展示。处于高中阶段的学生由于课业负担、升学压力，缺少展示自我的机会，然而他们对成功又充满渴望。诚然，优异的成绩、学生干部、艺术活动也能为他们带来成功的尝试，但毕竟只是一部分人能享受到的"专利"。因此，课堂上所有学生都可以参与的小组展示为学生搭建了平台。每个学生都是一个独立的主体，有自己的个性、追求，体现在学习上，每个学生的语文知识、语文能力和素养也是千差万别。让学生展示，就要为学生创设平等的氛围，不搞优劣歧视，尊重学生的个性，施以正确的引导，让学生发挥自己的特长，最大限度地挖掘弘扬中国传统文化的潜能。当学生在自己的展示得到别人的肯定时，就会受到激励，走向更大的成功。

以下以《短歌行》为例进行详细说明。

课堂展示：我所见到的《短歌行》。

生1：请大家打开课本，翻到苏轼的《赤壁赋》，里面写道："'月明星稀，乌鹊南飞'，此非曹孟德之诗乎？"还有，读到"月明星稀，乌鹊南飞，绕树三匝，何枝可依"这四句，我总想起另一个"何枝可依"的情境，那是出现在苏轼的《卜算子》中的一只孤鸿的处境。词曰（展示）："缺月挂疏桐，漏断人初静。谁见幽人独往来，缥缈孤鸿影。惊起却回头，有恨无人省。拣尽寒枝不肯栖，寂寞沙洲冷。"

在这首词中，苏轼借缥缈的孤鸿比喻自己品格清高、蔑视流俗的心境。当然，关于这首词，还有另一个故事。惠州有个美丽的姑娘，年方十六，不肯嫁人，因为她喜欢苏轼。有一次，苏轼去了惠州。那姑娘听说后，非常高兴。每到晚上苏轼吟诗，那女子总在他窗外徘徊。苏轼觉察后推窗寻她，她却翻墙而去了。那时苏轼年纪也不小了，便做主将那姑娘嫁给了一个年轻后生。可谁知没过多久，苏轼离开了惠州，那姑娘也死了，遗体便葬在沙洲之畔。后来苏轼来到惠州，却只见一座美人冢，就写了这首词。

生2：《寂寞沙洲冷》是一首流行歌曲，我们小组把这首歌献给大家！（这个小组是一个由几名男生组成的"编外组"，多数情况下不参加研讨展示。）

生3：我们小组要给大家表演出现在电视剧《甄嬛传》中的《短歌行》。（剧情简介：第十四集，安陵容的父亲被打入大牢。皇后替安比槐向皇上求情，以拉拢甄嬛一党。安陵容感激涕零，甄嬛表示愿意回报皇后的援助。皇后以香灰暗示华妃的死灰复燃，甄嬛以茶水浇灭香灰表明愿意协助皇后制衡华妃。之后，甄嬛以"月明星稀，乌鹊南飞，绕树三匝，终于有树可依"来表明自己这只迷茫的小鸟，终于找到了可以立足安身的大树，她引用了曹操《短歌行》里的句子，以表归附之心。）

　　生4：我要给大家表演的是电视剧新《三国演义》中，陈建斌扮演的曹操吟诵《短歌行》的情景。（配乐诗朗诵。）

　　这次关于《短歌行》运用的展示更加丰富多彩，有表演、有唱歌、有配乐诗朗诵，内容上拓展到了苏轼的《赤壁赋》《卜算子》以及苏轼特定环境下的特定心情，既能让学生了解曹操《短歌行》对后世文人的影响，又能为以后《赤壁赋》教学的主题探讨作铺垫。第一个表演展示完全取自电视剧《甄嬛传》的片段，"甄嬛体"台词因其"古色古香"被许多人效仿，学生能够原汁原味地真实再现，说明在看电视剧的时候确实关注到了其中的古诗风韵，其情节也能够加深学生对《短歌行》内容的理解。朗诵需要以诗歌的背诵为基础，有感情的朗诵又需要对诗歌内容、情感有一个精准的把握，虽然学生是模仿朗诵，但一则主观完成了背诵任务，二则大致表达出曹操求贤若渴的苦心和渴望一统天下的霸气，可谓"一箭双雕"。而一个男生小组的合唱看似与探究主题无关，但关注到流行歌曲的创作取自于古诗词对他们而言已属不易，演唱后的掌声喝彩，更加起到肯定和激励作用。

第四节　充分挖掘和拓展传统文化资源

　　语文教材中包含众多的传统文化资源，一方面，需要教师积极分析教材、研究教材，全面挖掘教材中所包含的传统文化资源，并对这些资源进行合理的组织和利用，在课堂上让学生更好地接受传统文化教育和传统文化熏陶。另一方面，需要教师不断地在现有教材的基础上进行积极的延伸和拓展，全面补充课外的一些传统文化内容，让学生在高中语文课堂接受更加全面的传统文化教育，不断提升学生的文化素养和语文综合能力。

一、充分挖掘现有教材中的传统文化元素

教师要积极地对现有教材中的传统文化资源进行挖掘，并将挖掘的内容以某种形式进行归纳和分类，以便在教学中更为高效地向学生讲解和教授，大幅度提升课堂教学的效能，促进高中学生综合能力的全面提升。教科书中直接涉及中国传统文化的素材很多，笔者以人教版高中语文必修教科书中"阅读鉴赏"部分为例加以说明。详情见表 3-1。

表 3-1 人教版高中语文必修教材中的传统文化因素

	必修 1	必修 2	必修 3	必修 4	必修 5
第 1 单元		《荷塘月色》	《林黛玉进贾府》	《窦娥冤》	《林教头风雪山神庙》
第 2 单元	《烛之武退秦师》《荆轲刺秦王》《鸿门宴》	《诗经（两首）》《孔雀东南飞（并序）》《诗三首》	《蜀道难》《杜甫诗三首》《琵琶行（并序）》《李商隐诗两首》	《柳永词两首》《苏轼词两首》《辛弃疾词两首》《李清照词两首》	《归去来兮辞（并序）》《滕王阁序》《逍遥游》《陈情表》

表 3-1 人教版高中语文必修教材中的传统文化因素（续）

第 3 单元	《兰亭集序》《赤壁赋》《游褒禅山记》	《寡人之于国也》《劝学》《过秦论》《师说》		《说"木叶"》《谈中国诗》
第 4 单元			《廉颇蔺相如列传》《苏武传》《张衡传》	《中国建筑的特征》

除此之外，其他一些现当代选文中也蕴含着传统文化内涵。经相关研究发现，高中语文教材中的传统文化内涵主要有语言文学典范、道德文化内涵、人生观价值观、隐士文化精神、政治文化内涵、军事文化内涵、经济文化内涵、民俗文化内涵、建筑文化内涵等。大量的传统文化内涵不仅能开阔学生的眼界，有助于学生获得各种文化知识，更为重要的是能让学生感受和体验到其中所蕴含的文化精神和文化情感。在高中语文教学中，应依照教材中的文化传统内涵进行人文教育，发挥文化传统的真正价值。然而，教材中有的传统文化是分散的、零碎的，它们或显或隐地存在于各篇课文之中，因此往往有很多传统文化因素在实际教学操作中被忽视了。所以，教师必须对课文中蕴含的文化散点，进行横向或纵向的归纳梳理，让其条理化、系统化，使其便于储存记忆，便于提取应用。集腋成裘，就会积淀深厚的传统文化底蕴，提高语文文化素养。

例如，教师可以从以下五种情感的角度对包含传统文化的篇章进行归纳和整理。

第一，忧国忧民、精忠报国的爱国精神。爱国主义精神是传统文化精神当中特别突出的一个方面，被认为是民族精神的核心。从伟大的爱国诗人屈原开始，到"先天下之忧而忧，后天下之乐而乐"的范仲淹，到"死去元知万事空，但悲不见九州同"的陆游，到"人生自古谁无死，留取丹心照汗青"的文天祥，到"我自横刀向天笑，去留肝胆两昆仑"的谭嗣同，慷慨激昂，正气凛然，激励了一代又一代中国人。习近平同志曾经强调："实现中国梦必须弘扬中国精神。这就是以爱国主义为核心的民族精神，以改革创新为核心的时代精神。这种精神是凝心聚力的兴国之魂、强国之魄。爱国主义始终是把中华民族坚强地团结在一起的精神力量，改革创新始终是鞭策我们在改革开放中与时俱进的精神力量。全国各族人民一定要弘扬伟大的民族精神和时代精神，不断地增强团结一心的精神纽带、自强不息的精神动力，永远朝气蓬勃地迈向未来。"教师可以以爱国精神为主题进行归纳和分类，如《荆轲刺秦王》《烛之武退秦师》《离骚》等，在教学中对学生进行爱国主义教育，全面提升学生的爱国主义热情。

第二，刚健有为、自强不息的进取精神。"自强不息"出自《周易》"天行健，君子以自强不息"一语。在内容上涉及强与弱的关系，涉及自强与非自强的关系，还涉及"不息"与否的问题。自强不息既可以就一个人而言，也可以就民族国家而言。就个人而言，具体表现为个人的努力奋斗、积极进取之心；就国家而言，具体表现为国家面对苦难发愤图强、励精图治。其中，人教版高中语文教材中包含《荆轲刺秦王》《烛之武退秦师》等选文，教师在教学中可对学生进行渗透和讲解。

第三，孝亲敬长、由己及人的仁爱精神。"仁者爱人"来源于《论语》。"仁"的核心理念是爱人，儒家强调要以人类最基本的血缘亲情之爱为起点，由此及彼，由近及远，把关爱的对象逐步扩大到所有生命和万物，由此建立人对世界的普遍性道德关怀。孔子"仁者爱人"的理念以"爱"为核心，包含了爱亲、爱他人、爱物三方面的内涵。其一，"爱亲"——"仁者爱人"理念的道德基础。其二，"爱他人"——"仁者爱人"理念的政治内涵。其三，"泛爱万物"——"仁者爱人"理念的拓展。儒家实现"仁"的方法和途径可以概括为以下两条：一是"修己"，主要侧重于个人的自我约束及其道德修养；二是"推己"，主要侧重于在社会关系中推广自己的仁爱，在成就自己的同时成就别人。人教版高中语文教材中包含这一理念的篇章有《寡人之于国也》等，教师在教学中可以有侧重地进行讲解。

第四，修身养德、厚德载物的崇德精神。"厚德载物"出自《周易》"地势坤，君子以厚德载物"一语。厚德载物，指人有丰厚的人性方面的综合修养，可以承载（认识和解决）各种社会历史难题，可以容受（听取和接受）各种不同意见。古人所谓"道德"，主要就人性内涵而言，除了伦理道德，也包括认识论内容。古人认为可以"载物"的"德"有仁、义、道、德、忠、孝、明、智、礼、和、信、公、正、直、慈、恭、敬、宽、敏、惠、温、良、俭、让、虚、清、廉、洁、耻、中庸等。人教版高中语文教材中有《苏武传》等选文，教师可以积极在教学中对学生进行点拨。

第五，尊师重道、尊重人才的尚贤精神。"尊师重道"一词出自《白虎通》，字面意思就是尊重教师及重视其所传授之道。"师"是"道"之载体，无师道不显；"道"是"师"之精神，无道便无师。"道"是关于宇宙、自然、社会、人生的最大知识和最高智慧。人们之所以要尊师，主要是因为人们重道。具体表现为尊重教师、好学乐知、重道尚善、惜才尚贤、重视教育等。人教版高中语文教材中有《师说》《劝学》等，教师可以在教学中提升学生的精神境界。

二、利用丰富的课程资源

（一）网络媒体资源

对任何人来说，亲身体验应该都是感触最深的获取知识的方式，但是在这个信息时代，网络、手机、电视、电影等媒体对学生的生活和学习正产生着前所未有的巨大影响。从某种程度上说，网络媒体资源为学生提供了及时而广泛的间接生活体验。随着时代发展，网络媒体资源已经成为学生喜闻乐见且可待开掘的巨大的语文课程资源。

互联网的逐步普及和高中信息技术课程的开展，为高中生的学习提供了广阔的空间。互联网上丰富的知识源泉，是学生取之不尽的素材库。高中生在语文学习中要学会从众多的网络信息中提炼对自己有利的信息。如果学生能学会合理恰当地运用网络资源，就可以拓宽他们的知识面，为弘扬传统文化积累更多的素材。

在网络媒体资源中，视频由于其直观可感，备受学生喜爱。尽管高中生课业负担较重，但似乎并不妨碍他们对一些电视节目、影视剧的追捧。教师应注意引导学生把语文学习与生活紧密联系起来，在语文教育上以课堂教学为轴心向学生生活的各个领域开拓、延展。如有的学生喜欢看《百家讲坛》《天天向上》，就可引导他们关注其中的传统文化知识；有的学生喜欢听歌曲、听相声，不妨分析如周杰伦歌词、郭德纲表演的相声段子中的传统文化内涵；至于由古典名著改编的影视剧数量庞大、良莠不齐，在资源的选择方面，教师必须发挥主导作用，做好选择和推荐。一些优秀的视频材料可引导学生直接观看，让学生受到最直观的中国传统文化教育；也可以从学生感兴趣的影视剧中选取合适的角度，批判地进行理解和评价。

例如，在大部分学生都看过周星驰电影《唐伯虎点秋香》的基础上，在"梳理探究"版块《奇妙的对联》中，笔者为学生提供了电影中的截图让他们点评，结果学生很快发现唐府大门对联"名人宅畔五柳生辉，雅士门前三槐挺秀"上下联位置挂反了，在唐伯虎画《雄鹰展翅气吞天下》图的院子的右厢房对联"人间未遂青云志，天上已成白玉楼"是一副挽联，而唐府《百鸟朝凤》图两边对联"深院尘稀书韵雅，勤劳创业财源茂"一雅一俗，根本不成对联，竟然出现在唐府客厅中堂，可谓意味深长。学生不仅学会了对联的相关知识，也理解了周星驰无厘头的喜剧效果往往来源于对传统和经典的颠覆。学生以学为乐，学习效率会有所提高，学习效果也会大大增强。

（二）节日资源

传统节日是一个国家或民族的历史文化长期积淀凝聚的产物。中华民族的每一个节日都蕴涵着深刻的历史文化内涵，传承着优良的文化传统。传统节日与每个人的日常生活紧密联系，因此通过传统节日这个窗口弘扬优秀传统文化，便于学生联系实际，便于学生在实践中学习和传承传统文化精神。

对于高中生而言，挖掘民族传统节日的文化内涵，包括了解传统节日的由来、民间习俗和民俗风情，亲身感受传统节日的人文魅力；积累与节日有关的古诗文、对联及成语、俗语等；探究古人在节日撰写的诗文中寄予的感情、态度和看法；了解与节日相关的历史名人，如屈原之于端午、杜牧之于清明、王维之于重阳等，感受他们的人格魅力和精神境界，熏陶自己的品格。如北宋诗人张耒在《和端午》中写道："竞渡深悲千载冤，忠魂一去讵能还。国亡身殒今何有，只留离骚在世间。"此诗从端午竞渡写起，看似简单，实则意蕴深远，因为龙舟竞渡就是为了悲悼屈原的千载冤魂。但"忠魂一去讵能还"却又分明有着"风萧萧兮易水寒，壮士一去兮不复还"的慷慨悲壮，它使得全诗的意境直转而上、宏阔高远。虽然"国亡身殒"，但屈原光照后人的爱国精神和彪炳千古的《离骚》绝唱却永远不会消亡。学生在品读此诗时，不仅加深了对端午节来历的认识，而且被屈原忧国忧民的高尚情操所感动。

（三）地域资源

中国不仅是有着悠久历史的文明古国，而且也是一个地域辽阔的多民族统一的泱泱大国。由于历史渊源、地理环境、风俗习惯等诸方面的差异，在漫长的历史积淀中，不仅形成了本民族的传统文化，也积蓄成具有本地特色的区域文化。这些区域文化增添了中国传统文化多元性的色彩。新课程提出要积极开发和利用本地区蕴藏的自然、社会、人文等多种语文课程资源，使学生不仅成为文化知识的消费者，而且成为文化知识的发现者，并将人类的优秀文化成果内化为学生的气质、人格，使学生在本土文化的熏陶下形成热爱祖国、热爱家乡的情感，养成良好的人文素质。

我们不妨拿邯郸这个城市进行举例。邯郸是中国"成语典故之乡"，是磁山文化、曹魏建安文化、北齐石窟文化等灿烂文化的发源地。峰峰矿区的磁州窑是我国古代北方最大的一个民窑体系，是古代民间陶瓷的杰出代表，在国内外享有很高的声誉。教师可以组织学生学习和研究磁州窑的历史文化价值。磁州窑彩绘把传统的书画艺术与制瓷工艺结合在一起，表现了当时人民群众传统的审美观念；题写诗词和民谚俚曲作以纹饰，既增加了民间文化气息，又具有吉祥之意，也有一定的教化功能，具有独特的历史文化价值；引导学生了解磁州窑悠久的历史及在我国陶瓷发展史上的重要意义，体会磁州窑独特的艺术风格，能够激发学生强烈的民族自豪感和自信心，激发他们热爱磁州窑文化、热爱中华传统文化的思想感情。

三、全面补充和拓展人教版传统文化资源

通过前文的分析，我们可以感受到现行人教版高中语文教材中蕴含着比较丰富的传统文化知识，也涉及了一些传统文化精神，但从整体上来看明显还存在着一些不足。一是从作品的量上来看，相对于博大精深的传统文化，相对于学生求知欲旺盛、记忆力好的事实，内容依然偏少。二是从作品的涉及面来看，涉及内容很窄。因此，结合日常的教学实际，笔者认为可以适当补充一些传统文化资源。补充的内容主要涉及传统文化精神，当然，很多时候传统文化知识与传统文化精神是相依相存的，不好割裂。具体来说，可补充的内容主要有成语故事、中国古代名言警句、古诗词、传统文化经典。

（一）成语故事

成语被誉为中华民族的文化瑰宝，是历史的缩影、语言的精华、文明的积淀。乙力认为："成语在汉语文化中，是最睿智、最精粹，而又最丰富的。说它最睿智，因为每一则成语都是历史的缩影，凝聚了祖先的智慧精华，闪烁着古人的思想光芒。说它最精粹，是因为它们经过千锤百炼，言简意赅，形成了固定的字词搭配，相沿习用，可以完美准确地表达深邃的思想情感。说它最丰富，是因为每一则成语的背后，都有一个富有哲理的故事，发人深省，耐人寻味。"成语包含着丰富的内容，其中蕴含着丰富的传统文化知识，也彰显着传统文化的核心理念。如《中华优秀传统文化核心理念读本》一书对传统文化核心理念进行的归纳中的"居安思危""自强不息""尊师重道""日新月异"本身就是成语。整套教材中涉及的成语故事数量与我们日常所应用的成语的数量相比可谓沧海一粟，因此教师有必要给学生作适当的补充。

（二）中国古代名言警句

中国古代名言警句是传统文化中智慧的结晶。几千年来，光辉灿烂的传统文化浸润着人们的心灵，陶冶着人们的情操，培育了一代代中华儿女。这其中，最简洁、最精辟，流传最广泛的应该就是其中的名言警句，如"人无远虑，必有近忧""君子坦荡荡，小人长戚戚"等。中国传统文化博大精深，内容异常丰富。名言警句多来自古人的著作，而且往往是著作中的精华部分。因而，名言警句与其所在的著作就像纲与网一样，提纲而知网。以先秦诸子的言论为例，《论语》《孟子》中的诸多言论都已成为名言警句。如《论语》中的"人而无信，不知其可也""知之者不如好之者，好之者不如乐之者""己所不欲，勿施于人"等。如《孟子》中的"天时不如地利，地利不如人和""富贵不能淫，贫贱不能移，威武不能屈，此之谓大丈夫"等。可以说，中国古代名言警句与传统文化是"一斑"与"全豹"的关系。对于高中阶段的学生来说，通过学习、积累中国古代名言警句来了解中国传统文化，这是一条较为便捷的途径。

（三）古诗词

古诗词是传统文化中最耀眼的明珠，熠熠生辉。有人曾说，中国是诗的国度。从最早的诗歌总集《诗经》开始，到唐诗、宋词、元曲，再到明清的近体诗，历经几千年的沧桑，依然为人们所热爱。早在春秋时期，孔子便说："小子，何莫学夫《诗》？《诗》可以兴，可以观，可以群，可以怨。迩之事父，远之事君。多识于鸟兽草木之名。"后来《毛诗序》中说："故正得失，动天地，感鬼神，莫近于诗。先王以是经夫妇，成孝敬，厚人伦，美教化，移风俗。"诗的形式往往比较短小，语句简短，语言流畅，朗朗上口；而诗的内容则涉及生活的方方面面，不但具有很高的文学价值，而且具有很高的思想价值。所以，历来受到人们的重视。少年时诵读记忆的古诗词往往会给人的一生带来影响，往往会给人的思想打上深深的烙印。当代作家冯骥才认为古诗词能使人的精神境界变得精致起来。他认为，古诗词代表着中国文化的精华，他自己年轻时背了很多古诗词，这些东西给他留下了一种深深的文化情怀，一种中国所独有的文化情怀。一般的语文教材也都会选编古代诗词，但从数量上来说大都偏少。一个学年往往也就教习二十首左右的古诗词，这个量对机械记忆力特别好的孩子来说是远远不够的。

（四）传统文化经典著作

传统文化经典是传统文化的主体。什么是经典？《现代汉语词典》中解释："指传统的具有权威性的著作。"传统文化经典经过历史的洗礼与挑拣，流传下来的都是精品，具有权威性和典范性。1995 年，赵朴初、冰心等九位老人呼吁要建立幼年古典学校。他们认为，我们的"经典"一直没有中断，如果现在再不重视，我们就面临着中断的危险。"经典"的意义在哪里？它是我们民族智慧、民族心灵的庞大载体，它是我们民族生存发展的依据，它也是几千年来，我们民族屡遭灾难而始终不解体的坚强纽带。若要传承传统文化，必须认真诵读经典，这应该是一个共识，无须再作解释。中学生究竟应该读哪些经典著作呢？钱理群先生主张在中学至少开设以下四门选修课：一是《论语》和《庄子》，这是中国传统思想的源头；二是唐诗，这是中国文化最高峰的典型代表，是最健康的青春时期的文学；三是《红楼梦》，这是一部百科全书式的作品，是对中国传统文化的总结；四是鲁迅，他是一位把传统文化和现代精神很好地融合在一起的作家。结合学生的实际情况来看，高中阶段的孩子可以读一读《论语》和一些蒙学经典。

总而言之，教师要积极挖掘和拓展教材中的传统文化资源，有效地将成语故事、中国古代名言警句、古诗词、传统文化经典等内容融入高中语文的课堂教学之中，不断地丰富传统文化资源，促进学生更加全面地学习与掌握传统文化知识内容，不断提升自身的语文综合能力与语文综合素养。

第四章　传统文化视野下高中语文教学的课外延伸策略

本章主要就传统文化视野下高中语文教学的课外延伸策略开展研究与讨论，第一节将以打造校园文化、班级文化为主要的载体，对加强校园传统文化环境氛围建设的策略进行分析；第二节就开展丰富多样的传统文化教育活动进行讨论；第三节就借助信息技术实施传统文化教育的策略进行具体的阐述；第四节就联合社会家庭开展合力教育的具体方法进行了有效的分析，从而给出了传统文化视野下高中语文教学的课外延伸策略，有助于教师更为高效地在课堂外开展传统文化教育，促进高中学生人文综合素养的提升。

第一节　加强校园传统文化环境氛围建设

苏联著名教育家苏霍姆林斯基说："学校的物质基础是对学生精神世界施加影响的手段。"这句话充分说明，与教育教学工作相协调地融入"优秀传统文化"的优秀育人环境，就可以潜移默化地陶冶学生的情操，塑造学生的美好心灵，培养学生的优良品质。浓郁的传统文化氛围，优美的校园育人环境，体现了一个学校文化的积淀和底蕴，不仅能对学生学习、生活、心理起到良好的调剂作用，而且对规范学生的行为习惯、养成良好的道德品质、促进学生全面素质的提高、提高办学质量和效益等都具有重要的现实意义和长远意义。中国优秀传统文化的精华所在，正是其中所蕴含的正确的人生观、价值观，把优秀传统文化融入校园，加强校园文化建设，优化育人环境是实施德育工作的重要途径。校园文化对学生的影响是通过渗透进行的，具有潜移默化性、导向性和暗示性。让学生从小养成热爱、亲近优秀传统文化的习惯，从每天所处的校园环境和班级氛围中能够受到优秀传统文化的熏陶渐染，逐渐对学生道德规范、思想品质和行为习惯产生积极影响，让学校的每一位学生将其内化为个人素养。

一、加强校园传统文化环境氛围建设的意义

（一）中华优秀传统文化融入校园文化的理论依据

1.校园文化是中华优秀传统文化传承的重要载体

国家、民族的强盛总是以文化的兴盛为支撑，没有优秀传统文化的传承，就没有中华民族伟大复兴的实现。在新的历史背景下，我们必须积极探索中华优秀传统文化传承的有效载体和形式。校园文化依其本性，有助于中华优秀传统文化的传承。

（1）校园文化赋予传统文化以新的时代内涵

由于各个学校在自身发展过程中形成的办学宗旨和理念各不相同，校园文化具有鲜明的个性特色。同时，校园文化也是一种开放的文化，作为社会大文化在校园中的特殊存在状态，它紧紧把握时代脉搏，凝练时代特色，在与时俱进中彰显文化的传承与创新，这就不断赋予传统文化以新的时代内涵。社会主义建设时期，将中华优秀传统文化融入校园文化，体现社会主义特点，弘扬社会主义核心价值观，可以在把握校园文化建设正确方向的同时，实现中华优秀传统文化的传承。

（2）校园文化保障传统文化教育的实效

校园文化作为一种环境文化，具有潜移默化的濡染功能。校园物质文化的直感性、精神文化的隐渗性、制度文化的规范性和活动文化的体验性，使"它像空气一样包围着受教育者，让他不知不觉而自觉自愿地去感受、去体会，从而心甘情愿地接受教育"。中华优秀传统文化融入校园文化，与校园文化这个层面结合，可以有效克服传统文化教育在学校教育中的缺失和流于形式，实现于潜移默化中感染和陶冶师生，强化教育主体的生活体验，保障中华优秀传统文化教育的实效性。

2.中华优秀传统文化是校园文化的支撑和动力来源

学校作为意识形态工作前沿阵地，肩负着学习研究宣传马克思主义，培育和弘扬社会主义核心价值观，为实现中华民族伟大复兴的中国梦提供人才保障和智力支持的重要任务。校园文化建设为此任务的顺利完成提供了重要的舆论引领和环境保障。因此，我们应坚持在中华优秀传统文化的传承和创新中，建设具有自身特色、体现时代要求的校园文化。

（1）优秀传统文化为校园文化提供丰富的价值资源

新时期的校园文化建设，受到开放环境下多元价值的冲击，精华与糟粕并存，很容易误导学生的价值取向，冲击传统思想政治教育的工作效果，这就需要优秀传统文化的助力。中华优秀传统文化凝聚着几千年文明的智慧，包含着反映民族精神的基本价值观念，如自强不息、崇尚和谐、重义轻利等。将中华优秀传统文化融入校园文化，可以在把握优秀传统文化价值内涵的基础上，引导校园主体注重个人德行和品行的修养，践行社会主义核心价值观，建立积极健康的校园主流文化，为校园主体提供精神支撑和心灵慰藉。

（2）优秀传统文化提升校园文化主体的人文素养

校园文化的主体是全体师生员工，在校园文化建设的参与中，主体的能动性得以调动，校园文化才能得以创新和发展。因此，我们必须努力提升校园主体的人文素养。中华传统文化博大精深，有着丰厚的人文文化积淀。将优秀传统文化融入校园文化，可以在传承和弘扬中营造具有浓厚人文气息的校园文化，增强学校的人文底蕴。同时，置身于这样的校园文化中，师生员工很容易耳濡目染，促进主体人文意识的养成，提升主体平等向善、独立自信的人文情怀。因此，在校园文化建设中加强中华优秀传统文化教育，可以发挥其对学校人文底蕴的形成、对主体人文意识的养成及主体性调动等方面的积极作用。

（二）加强校园传统文化环境氛围建设的意义

1. 加强校园传统文化环境氛围建设，有利于陶冶学生的情操

培养人才是一项复杂的系统工作，既需要教书育人，也需要环境育人。学校是学生成长、发展的重要文化环境，也是创造、传承与发展人类优秀文化的重要场所。学校本身就是一种文化现象和文化行为，优秀的学校文化不仅是育人的核心力量，也是一所学校的核心竞争力，更是学校快速发展的原动力。中国传统文化，更是具有极为厚重的伦理色彩，所谓"学优者德厚，学浅者德薄"。学习传统文化的过程，不仅是增进知识的过程，也是"把知识消化于生命，转化为生命所具有的德行"的过程，而且具有熏陶气质、变化性情、提高涵养的意义。以中国传统文化为主导的优秀校园文化，做到"人人是老师，处处是教室"，让学生随时随地、轻轻松松学经典，既要坚持寓教于乐，又要注重平和安静，在潜移默化的传统文化环境中给学生以心灵的安逸和舒展。

2. 加强校园传统文化环境氛围建设，有利于培养学生高尚品格

随着改革开放和现代化建设事业的深入发展，社会主义精神文明建设呈现出积极、健康、向上的良好态势，中华民族的传统美德与体现现代精神的道德观念相融合，成为我国公民道德建设发展的主流。但由于市场经济和外来文化的冲击，也会出现一些不好的现象。例如，有的学生只在乎个人利益，把个人利益放在第一位，集体主义观念缺失；有的学生学习不积极主动、不刻苦用功；有的学生不注重举止言谈、个人修养，社会公德意识淡化；有的学生缺乏独立意识，盲目跟风，互相攀比等。这些问题若是得不到及时的解决，就会对正在成长中的学生的思想造成极大影响。学校是进行道德教育的重要阵地，应发挥好传统文化教育对学生思想道德建设的优势作用，采取有效措施，注重学生的社会公德教育、个人品德教育和独立人格教育，通过构建和谐特色校园，开展具体有效的主题实践活动，将传统文化教育与学科教学相结合，把传统文化教育融入丰富的校园活动中，使中华民族优秀传统文化和传统美德在校园里发扬光大，切实提高学校素质教育实效性。

3. 加强校园传统文化环境氛围建设，有利于学生养成良好习惯

学校要以"优秀传统文化进校园"为抓手，发扬和传承中华传统文化精髓，从小开始培养学生良好的习惯，把推进优秀传统文化进校园与抓好学生养成教育、行为习惯教育、文明礼仪和感恩教育结合起来，培养学生积极的人生态度、健康的心理情感、高尚的道德品质，为学生健康快乐成长提供强大的正能量，全面提升学生的思想道德水平和行为素养，大力弘扬优秀传统文化，营造浓厚的"以文化人、以德育人"校园文化氛围。校园内处处渗透着中华传统文化的精髓，浓厚的传统文化氛围无处不在，让师生们时时刻刻都受到优秀传统文化的熏陶。

4.加强校园传统文化环境氛围建设，有利于构建和谐特色校园

中华传统文化注重社会成员的道德修养，注重群体和谐，注重精神家园的建设，它是我们中华民族的宝贵精神财富。弘扬传统文化，有利于构建和谐特色校园。传统文化强调人格的平等，敬重他人，这是人际关系和谐的基本前提。在校园内做到以人为本，形成和谐的师生关系、同学关系、家校关系，那么学校定会"政通人和"，定能做到"事业兴旺"。在这样的氛围中，师生为着一个目标共同奋斗，就会体会到一种成就感和幸福感，学生就能逐步养成高尚的道德品质。

总之，我们要大力发扬和弘扬中国优秀传统文化，并把它与学校校园文化有机结合，构建"传统文化"特色和谐校园环境，让广大师生在充满"优秀传统文化"的环境中潜移默化地受到影响，陶冶学生的情操，提高学生的道德品质，培养学生良好的行为习惯。

二、加强校园传统文化环境氛围建设的策略

（一）提高师生重视程度，积极明确建设目标

加强校园传统文化环境氛围建设对于继承和弘扬传统文化具有较为重要的作用和意义，而师生尤其是学校的主要领导在这个过程中是否重视、重视的程度是高还是低，都将会对传统文化视野下传统文化的建设产生重要的影响。另外，加强校园传统文化环境氛围建设需要有一个统一的规划和部署，设置明确的建设目标，这项任务不是一朝一夕就可以完成的，而是需要在一个明确的目标之下，全校师生一起努力，去持续地建设和推进，只有这样才能使校园环境中徜徉在传统文化的滋润之中，促进学校师生传统文化素养的全面提升。因此，加强校园传统文化环境氛围建设，需要我们做的工作还有很多。

1.提升重视程度

加强校园传统文化环境氛围建设最基本的前提是师生要真正地对其重视起来，从内心深处认同校园传统文化环境氛围建设。学校的领导要积极对校园传统文化环境氛围建设作出批示，起到统领全局的作用，协调各方有力地推动校园传统文化环境氛围的建设工作，并及时督促各方积极地投入校园传统文化环境氛围建设中来，全面提升校园传统文化环境氛围建设水平。教师要积极将其作为自身教学的一项重要任务来抓，不断联合优秀的教师同行一起探索加强校园传统文化环境氛围建设的有效方法与具体策略，并积极地在教学工作中对学生进行宣传和讲解，让学生明白加强校园传统文化环境氛围建设的重要意义，起到承上启下的作用，促进校园传统文化环境氛围建设稳步推进。学生要积极在教师的引导下投入校园传统文化环境氛围建设，踊跃地向教师或者学校提出好的想法与建议，积极地参与到学校组织的各种传统文化活动中来。只有学校领导、教师及学生充分地重视起来，校园传统文化环境氛围建设才能取得明显的效果。

2.组建校园传统文化环境氛围建设委员会

建设校园传统文化环境氛围需要一支强有力的领导队伍，对于建设的方方面面进行统一的规划和部署，合理地研究每一步的实施策略，协调组织每一个过程、每一项活动，同时对建设校园传统文化环境氛围过程中存在的问题进行积极的分析与解决，促进该项工作顺畅、高效地开展和实施。因此，组建校园传统文化环境氛围建设委员会是必要的，而这个委员会的机构设置要合理、人员组成要精干。一般而言，可以让学校的主要领导作为委员会的会长，并安排专职的副校长全面负责该项工作，挑选骨干教师担任委员会会员，同时在这个委员会的组成中要格外重视语文教师的作用，因为语文教师所教学科的特点，有利于从更加专业的角度推进该项工

127

作的组织和实施，还要设置联系小组，有效对接学校主要的领导、任课教师及学生，保证能在第一时间向学校反馈校园传统文化环境氛围建设中存在的问题，从而做最快的处理。另外，还要聘请一些专业的人士来指导校园传统文化环境氛围建设工作，同时也需要一些社会人士来监督校园的环境文化氛围的建设过程，确保校园传统文化环境氛围工作能有序、高效与顺畅地开展。

3. 制定合理的建设目标

正所谓"没有目标就没有方向"，学校人员要坐在一起积极研究和讨论校园传统文化环境氛围建设的中长期规划、短期目标，同时在目标的设置中要遵循以下的四点原则：一是统一性，建设校园传统文化环境氛围不是一个人或者两个人就可以做到的，需要全校师生的共同努力和付出。因此，在目标的设定中需要统筹安排该项工作，有机协调各方人员，不断找到最大的公约数，让校园传统文化环境氛围建设在一个统一的目标下，从而高效地推进和实施。二是针对性，目标的设置要符合本学校的基本情况，不能设定得过高，也不能设定得过低，要在一个合理的区间之内，同时还要考虑该学校的师资力量、学生情况、校园的底蕴，只有这样针对自己学校量身定制的目标，才具有针对性和目的性，也就有了实现的可能性。三是阶段性，校园传统文化环境氛围建设是一项长期的工作，在目标的设定中要分阶段地部署和实施，做到完成一个阶段的目标，进行一次大的总结与回顾，以全面巩固所取得的成果，这也有利于让全校师生在"看得见的成果"上获取自信心和原动力，从而促进该项工作更好地推进和实施。四是动态性，在开展校园传统文化环境氛围建设中可能会遇到很多无法预知的问题，会导致原先的目标设定有一定的偏差，这就要求我们在目标的设置中充分考虑到这些基本的情况，积极做好预案设置，并设置多套实施的方案，同时要根据实际的开展情况对目标进行动态性的调整，以保证校园传统文化环境氛围建设能更好地实施和推进。

4. 要强化各个人员的责任意识

校园传统文化环境氛围建设需要学校的全体教职工和学生一起努力，共同前进。只有在该项工作中全面强化学校各个人员的责任意识，才能让校园传统文化环境氛围建设更有效地推进和实施，保证建设的有效性。强化各个人员的责任意识，需要注意下以下四个方面：一是明确每个人员的职责。只有将工作任务落实到每一个人身上，才不会在校园传统文化环境氛围建设中出现相互推诿、相互扯皮的现象，也有助于激发教职工和学生的主人翁意识，让他们更加用心地投入该项工作中，从而人人都完成自己的工作任务，最终取得好的成果。二是及时汇报工作情况。明确任务责任后，要求在一定的时间段内容，及时向校园传统文化环境氛围建设委员会汇报自身的工作情况，哪些方面是需要强化和提升的，哪些方面是需要改变和改进的，校园传统文化环境氛围建设委员会都需要对此有一个全面而详细的了解，从而及时调整工作任务，促进校园传统文化环境氛围建设更为高效地开展和实施。三是设置奖惩制度。在开展校园传统文化环境氛围建设的过程中，要设置科学合理的奖惩制度，对于表现突出的人员要给予积极的物质和精神奖励，让他们全身心地投入自身的工作中去；对于表现不好的人员，要给予适当的批评，并帮助他们分析工作中存在的实际问题，认真给予指正。同时，让他们积极向优秀的人员学习，让合理化的奖惩制度发挥作用，促进校园传统文化环境氛围建设工作能顺利地开展。四是发挥榜样的力量。学校领导要积极带头开展工作，积极地关心和指示校园传统文化环境氛围建设工作，并积极践行该项目标，发挥自身榜样的力量，让教职工受到鼓舞和启迪，同时也要积极宣传在该项活动开展中涌现的感人事迹，给予全校师生积极的方向指引，以让他们更好地投入校园传统文化环境氛围建设工作中。

总而言之，加强校园传统文化环境氛围建设的主要前提就是要不断提高全校师生重视程度，设置明确具体的建设目标，只有全校师生重视了、建设目标明确了，校园传统文化环境氛围建设工作才能有较强的开展动力，才能更加有序、有力、顺畅与高效地开展。

（二）打造传统文化长廊，推进校园文化建设

打造传统文化长廊，推进校园文化建设不失为一个较好的途径，校园的廊道文化能集中反映校园的文化精神与灵魂，能充分展示校园文化内涵的精神与灵魂，而将传统文化融入长廊的打造之中，自然可以让学生在耳濡目染中受到感染与熏陶，积极促进学生传统文化素养的形成和巩固，促进学生更好地进步和提升，这自然也有利于我们继承和弘扬优秀的民族文化。因此，全校师生要全面重视起传统文化长廊的打造，并以打造传统文化长廊为依托，有效推进校园传统文化环境氛围建设，让校园文化徜徉在传统文化氛围中，促进学生的健康发展。

传统文化长廊的建设要紧紧围绕着一个明确而突出的主题来开展，只有主题明确了才能让学生集中性地对某一模块的传统文化内容进行全面和深入的学习与把握，让学生在明确的主题下去感受、去思考、去联想，促进学生的全面学习与进步。例如，学校可以为每一个楼层设置不同的传统文化教育主题，让每层楼的长廊都可以发挥明确的作用，学校可以设置以下四个主题。

1. 楼层 1 主题：品味爱国秉性，塑造爱国情怀

该层楼的楼道长廊是以爱国主义教育为主题的，可以进行以下三个方面的设置。

（1）展示古代爱国主义故事

对爱国故事的选择要突出正面的教育性，积极选用那些能震撼学生心灵，给学

生以深深触动的故事，如屈原投江、苏武牧羊、文天祥"留取丹心照汗青"等，同时也要积极地在故事外展示与之有关的作品，并积极介绍主人公的生平及所处的历史环境，如我们在讲解文天祥时，可以先介绍文天祥的故事："南宋抗元英雄文天祥，兵败被俘，坐了三年土牢，多次严词拒绝了敌人的劝降。一天，元世祖忽必烈亲自来劝降，许以丞相之职，他毫不动摇，反而斩钉截铁地说：'唯有以死报国，我一无所求。'临刑前，监斩官凑近说：'文丞相，你现在改变主意，不但可免一死，还依然可当丞相。'文天祥怒喝道：'死便死，还说什么鬼话！'"文天祥面向南方慷慨就义，给世人留下一首撼人心弦的《正气歌》，待故事展示完之后可以介绍文天祥的个人情况，并对文天祥的作品进行赏析。又如，我们在讲解屈原投江时，可以先对主人公屈原进行介绍，并展示屈原的一些优秀作品，如《离骚》等。通过这种方式进行拓展和延伸，让学生通过故事来不断了解历史人物、了解爱国诗歌，既可以对学生进行爱国主义教育，又可以引导学生全面学习与了解传统文化内容，懂得古人爱国的情怀，从而使学生受到深深的感染与熏陶，促进其人文素养的提升。

（2）展示古代爱国成语

成语作为语言词汇中的一部分定型的词组或短句，有很大一部分是从古代相承沿用下来的，在用词方面往往不同于现代汉语。其中，有古书上的成句，也有从古人文章中压缩而成的词组，还有来自人们口里常说的习用语，这对于学生了解我们民俗民风、掌握汉语知识具有较为重要的作用和意义，在文化长廊的爱国主义教育中要积极借助成语的形式，来提升教育的实效性。例如，可以展示"精忠报国、忧国忧民、赤胆忠心、为国捐躯、爱国如家、碧血丹心、忠心耿耿、忧国忘家、保家卫国、舍身为国、国而忘家、救亡图存、毁家纾难、楚囊之情、乃心王室、于家为国、忧国奉公、浩气长存、匹夫有责、赤心报国、以身许国、保国安民、仁人志士"等成语,让学生在认识成语、了解成语中强化对爱国文化的理解和认知。

(3)展示以爱国主义为主题的古代诗词篇章、爱国名言

展示以爱国主义为主题的古代诗词篇章、爱国名言,让学生在这些作品中感受爱国文化,让学生在爱国诗中接受传统文化教育,促进其建立爱国情感和文化自信心。笔者总结了以下爱国诗,可以为大家提供借鉴。

春　望

杜　甫

国破山河在,城春草木深。

感时花溅泪,恨别鸟惊心。

烽火连三月,家书抵万金。

白头搔更短,浑欲不胜簪。

夏日绝句

李清照

生当作人杰,死亦为鬼雄。

至今思项羽,不肯过江东。

州　桥

范成大

南望朱雀门,北望宣德楼,皆旧御路也。

州桥南北是天街,父老年年等驾回。

忍泪失声询使者,"几时真有六军来?"

题临安邸

林 升

山外青山楼外楼，西湖歌舞几时休？

暖风熏得游人醉，直把杭州作汴州。

示 儿

陆 游

死去原知万事空，但悲不见九州同。

王师北定中原日，家祭无忘告乃翁。

秋夜将晓出篱门迎凉有感

陆 游

三万里河东入海，五千仞岳上摩天。

遗民泪尽胡尘里，南望王师又一年。

过零丁洋

文天祥

辛苦遭逢起一经，干戈寥落四周星。

山河破碎风飘絮，身世浮沉雨打萍。

惶恐滩头说惶恐，零丁洋里叹零丁。

人生自古谁无死，留取丹心照汗青。

石灰吟

于 谦

千锤万凿出深山，烈火焚烧若等闲。

粉身碎骨浑不怕，要留清白在人间。

己亥杂诗（其五）

龚自珍

浩荡离愁白日斜，吟鞭东指即天涯。

落红不是无情物，化作春泥更护花。

从军行

王昌龄

青海长云暗雪山，孤城遥望玉门关。

黄沙百战穿金甲，不破楼兰终不还。

总之，教师应积极利用爱国故事、爱国成语、爱国古诗词等形式进行爱国主要教育，让学生深刻体会民族精神的内涵，并不断提升他们对古代知识的认知与理解，提升他们的综合素养。

2. 楼层 2 主题：感受传统礼仪，复习中华文明

该层楼的楼道长廊是以学习中国古代礼仪为主题的，可以进行以下三个方面的设置。

（1）介绍礼仪文化

第一部分主要是展示一些有关中国古代礼仪文化的介绍，让学生接触一些常见的礼仪知识，初步了解中国古代的礼仪风貌，有助于提升学生的礼仪知识储备，进而培养学生良好的礼仪素养。例如，可以展示一些有关礼仪的著作，如《周礼》《礼记》，对其作者、书中的主要内容、包含的思想等进行全面论述，让学生从这些著作中窥探中国古代礼仪的一斑。又如，可以对古代的冠礼、婚礼、士相见礼、乡饮酒礼、射礼、燕礼、丧礼、聘礼、释奠礼、家礼等进行全面的分类展示与讲述；还可以从更细微的角度对礼进行描述，如对礼的要素礼法、礼义、礼器、礼容等内容

进行全面分析，让学生在礼仪文化长廊中充分了解古代礼仪的一些知识内容，促进学生传统文化素养的提升。

（2）展示礼仪文明

第二部分主要展示一些有关礼仪的故事及典故，让学生近距离地感受中国古人对待礼仪的态度，让学生在一个个鲜明的礼仪故事中了解古人是如何践行礼仪的。例如，可以展示《孔融让梨》《程门立雪》《千里送鹅毛》等。笔者总结了以下有关礼仪的故事，可以为大家提供借鉴。

程门立雪

相传，有一天杨时和游酢两人出去游玩，路过嵩阳书院，二人仰慕程颐老先生的学识和才华，便怀着敬慕的心情去拜见程颐，但是童子来报说程老先正在休息，这时候，外面开始下起了雪，而且雪越下越大。这两人求师心切，不想就此放弃，但是杨时和游酢又觉得打扰老师休息不是很礼貌，就恭恭敬敬地侍立一旁，在雪中不言不动，如此等了大半天，程颐才慢慢睁开眼睛，童子告诉他说杨时和游酢一直在外面等候，程颐赶忙出去，见杨时、游酢站在外面，大雪已经覆盖了整个院落，积雪已经有一尺多厚，先生不觉吃了一惊，说道："啊！啊！贤辈早在此呼！"而杨时和游酢并没有一丝疲倦和不耐烦的神情，先生赶忙将其请进屋子里。这个故事就是广为流传的"程门立雪"，后来用来形容尊敬老师、向老师诚恳求教。

一诺千金

秦朝末年，在楚地有一个叫季布的人，他这个人个性耿直，而且非常讲信用，但凡他答应的事情，就一定会竭尽全力地去做到，也因为他的言出必行受到许多人的称赞、夸奖和尊重。他曾经在项羽的军中当过将领，而且率兵多次打败刘邦，立下了不少的战功，因而当刘邦建立汉朝，从一介布衣当成皇帝后便下令捉拿季布，并且宣布："凡是能够抓到季布的人，都会赏给他黄金千两，如果是私自藏匿季布，就会被灭门三族。"由于季布为人正直且时常行侠仗义，大家都对他很敬佩，不仅没有举报他，还想法子保护他。一开始时季布躲在好友的家中，然而过了一段时间，官府捉拿他的风声越发的紧了，他的朋友知道这样下去是躲不了多久的，便想了一个法子，就是把他的头发全剃光，让季布化装成奴隶和几十个家童一起卖给了鲁国的朱氏，而朱家主人很欣赏季布，于是专程去洛阳请刘邦的好朋友汝阴侯滕公向刘邦说情，希望能撤销追杀季布的通缉令，后来刘邦果真赦免了季布，而且还给了他一个官职。有一个和季布同乡、名叫曹邱生的人，他一向喜欢和有权有势的朋友来往，于是就托人写介绍信给季布，希望能和季布认识、交朋友。可是，季布一见到他就很反感，根本不想再理会曹邱生，但是曹邱生面对季布讨厌的神色，像是没看见似的，继续说："您也知道我们都是楚国人，人们常说'得黄金百，不如得季布一诺'这句话是我到处替您宣扬的结果，可是您为什么总是拒绝见我呢？"季布听完曹邱生的话，非常高兴，顿时改变了态度，而将他当作上宾来招待。

汉明帝敬师

汉明帝刘庄做太子时，博士桓荣是他的老师，后来他继位做了皇帝"犹尊桓荣以师礼"。他曾亲自到太常府去，让桓荣坐东面，设置几杖，像当年讲学一样，聆听老师的指教。他还将朝中百官和桓荣教过的学生数百人召到太常府，向桓荣行弟子礼。桓荣生病，明帝就派人专程慰问，甚至亲自登门看望，每次探望老师，明帝都是一进街口便下车步行前往，以表尊敬。进门后，往往拉着老师枯瘦的手，默默垂泪，良久乃去。当朝皇帝对桓荣如此，所以"诸侯、将军、大夫问疾者，不敢复乘车到门，皆拜床下"。桓荣去世时，明帝还换了衣服，亲自临丧送葬，并将其子女做了妥善安排。

曾子避席

出自《孝经》，是一个非常著名的故事。曾子是孔子的弟子，有一次他在孔子身边侍坐，孔子就问他："以前的圣贤之王有至高无上的德行，精要奥妙的理论，用来教导天下之人，人们就能和睦相处，君王和臣下之间也没有不满，你知道它们是什么吗？"曾子听了，明白老师孔子是要指点他最深刻的道理，于是立刻从坐着的席子上站起来，走到席子外面，恭恭敬敬地回答道："我不够聪明，哪里能知道，还请老师把这些道理教给我。"在这里，"避席"是一种非常礼貌的行为，当曾子听到老师要向他传授时，他站起身来，走到席子外向老师请教，是为了表示他对老师的尊重。

千里送鹅毛

故事发生在唐朝。当时，云南一少数民族的首领为表示对唐王朝的拥戴，派特使缅伯高向太宗贡献天鹅。路过沔阳河时，好心的缅伯高把天鹅从笼子里放出来，想给它洗个澡。不料，天鹅展翅飞向高空。缅伯高忙伸手去捉，只扯得几根鹅毛。缅伯高急得顿足捶胸，号啕大哭。随从们劝他说："已经飞走了，哭也没有用，还是想想补救的方法吧。"缅伯高一想，也只能如此了。到了长安，缅伯高拜见唐太宗，并献上礼物。唐太宗见是一个精致的绸缎小包，便令人打开，一看是几根鹅毛和一首小诗。诗曰："天鹅贡唐朝，山高路途遥。沔阳河失宝，倒地哭号啕。上复圣天子，可饶缅伯高。礼轻情意重，千里送鹅毛。"唐太宗莫名其妙，缅伯高随即讲出事情原委。唐太宗连声说："难能可贵！难能可贵！千里送鹅毛，礼轻情意重！"

（3）古今礼仪对比

第三部分主要是对古代礼仪和现代礼仪进行对比，让学生在对比中感受礼仪的传承和变化，有助于学生从整体上了解礼仪，加深对我们传统礼仪的认知与理解。

例如，可以以图表的形式一项一项地进行对比，让学生在对比中感受古今礼仪的不同。例如，我们以婚礼为例子进行图表展示，详情见表4-1。

表4-1 古今婚礼流程对比

古今婚礼对比			
古代婚礼		现代婚礼	
婚礼流程	具体解释	婚礼流程	具体解释
①聘书	即定亲之书，就是我们所说的定亲的文书，表示男女双方正式缔结婚约，该聘书将在纳吉的时候使用（过文定）	①说媒或自由恋爱	请媒人介绍或者自由恋爱
②礼书	即过礼之书，就是我们所说的礼物清单，上面详细地将礼物的数量和种类进行了列举，该礼书将在纳吉的时候使用（过大礼）		
③迎亲书	即迎娶新娘之书，该书在结婚当天，接新娘过门时用		
④纳采	该阶段是议婚的第一个阶段，当男方请媒人来提亲后，女方同意议婚，之后男方可以准备好礼物去女方家求婚。一般而言，该礼物是活雁，雁为候鸟，取象征"顺乎阴阳"之意，后又有了新意，说雁失配偶，终身不再成双，取其"忠贞"		
⑤问名	男方问女方的姓名和生日时辰，即合八字，为后续选择吉利的日子作铺垫	②订婚	进行提亲，双方父母正式见面，并商量订婚的时期、彩礼等问题。在订婚的当天，男女双方互办酒宴，邀请亲友吃订婚饭
⑥纳吉	又叫作"订盟"，就是将合婚的消息通知女方，该礼仪是一项重要的礼仪，古俗，照例要用雁作为婚事已定的信物		

表 4-1 古今婚礼流程对比（续）

⑦纳征	这个成婚的阶段，就是在订盟后，男方将聘礼送到女方的家里，纳征又被称为完聘或大聘、过大礼等。后来，这项仪式还采取了回礼的做法，将聘礼中食品的一部或全部退还；或受聘后，将女家赠男方的衣帽鞋袜作为回礼，聘礼的多少及物品名称多取"吉祥如意"的含意，数目取双忌单		
⑧请期	又叫"乞日"，将聘礼送到女方家之后，就要一起选择具体的时期，并带好礼品去女方家中，询问女方是否同意，而礼品一般从简。另外，请期礼往往和过聘礼结合起来，随过大礼，同时决定婚期	③行聘	订婚之后，男家要向女家行聘礼，古时根据男家情况，以送金银、绸缎为主，现在多以钱为主，女家受聘后，一般会有"答礼"，通常被称为"回盘"
⑨迎亲	是婚礼的主要程序，就是新郎亲自去女方，将女方迎娶过门，一般用花轿，分双顶或单顶，扶亲妇上轿的"送亲嫂"、陪新郎至女家接人的"迎亲客"都各有要求，起轿、回车马、迎亲、下轿、祭拜天地、行合欢礼、入洞房等，每一个具体流程又都有几种到十几种形式，大多表示祝吉驱邪。而具体的时间一般选在春天，而婚礼的正日，通常被称为"拜堂"，早一日下午花轿被抬至男家大厅，晚间，百烛齐燃，灯火辉煌，称"亮轿"。女方家早一日也需要备席请新娘，往往称为"辞家宴"，也称为"别亲酒"	④发奁	结婚日期确定前一日要发奁,也就是我们所说的"发嫁妆"

表 4-1　古今婚礼流程对比（续）

⑩安床	择定良辰吉日，在婚礼前数天由好命佬将新床搬至适当位置。然后，在婚礼之前，再由好命佬负责铺床，将床褥、床单及龙凤被等铺在床上，并撒上各式喜果，如红枣、桂圆、荔枝干、红绿豆及红包。安床后任何人皆不得进入新房及触碰新床，直至结婚当晚新人进房为止	⑤婚礼	婚礼一般沿用西方的婚礼仪式，没有太固定的格式
⑪归宁	又可称为"作客""返外家"（闽南语用法）或"三朝回门"，是指新婚夫妻在结婚的第三日，携礼前往女方家里省亲、探访，女方家人此时亦须准备宴客（通常于中午，称作"归宁宴"或"请女婿"）。此为婚事的最后一项仪式，有女儿不忘父母养育之恩赐、女婿感谢岳父母及新婚夫妇恩爱和美等意义。一般，女家皆设宴款待，新女婿入席上座，由女族尊长陪饮。新婚夫妇或当日返回，或留住数日，若留住时，则不同宿一室	⑥归宁	跟古时候的仪式基本相同

总而言之，要积极通过介绍礼仪文化、展示礼仪文明、古今礼仪对比三个方面来引导学生在文化长廊中全面地了解与学习中国传统的礼仪文化，不断提升学生传统文化知识储备，促进其健康地成长和进步。

3.楼层 3 主题：百炼成钢，励志成才

该层楼的楼道长廊是以锤炼学生意志为主题的，可以进行以下两个方面的设置。

（1）展示古代励志名言

选择励志名言时，要选那些具有启发性、激励性的句子，让学生在欣赏这些句子中获得感悟，懂得体会"艰难困苦，玉汝于成"的民族精神风貌，促进学生人格的完善和传统文化素养的提升。笔者总结了以下古代励志名言，可以为大家提供借鉴。

不飞则已，一飞冲天；不鸣则已，一鸣惊人。——司马迁

古之立大事者，不惟有超世之才，亦必有坚忍不拔之志。——苏轼

长风破浪会有时，直挂云帆济沧海。——李白

士不可以不弘毅，任重而道远。仁以为己任，不亦重乎？死而后已，不亦远乎？——《论语》

老当益壮，宁移白首之心；穷且益坚，不坠青云之志。——王勃

勿以恶小而为之，勿以善小而不为。——刘备

臣心一片磁针石，不指南方不肯休。——文天祥

（2）展示励志故事

利用多媒体形式对励志成才的故事进行极富渲染力的展示，让学生在这样形象、具体的画面中对这些传统文化进行高效的学习。笔者总结了以下励志故事，可以为大家提供借鉴。

囊萤映雪

"囊萤"是指晋代车胤家贫，没钱买灯油，而又想晚上读书，便在夏天晚上抓一把萤火虫来当灯读书；"映雪"是指晋代孙康冬天夜里利用雪映出的光亮看书。后用"囊萤映雪"比喻家境贫苦，刻苦读书。

车胤从小好学不倦，但家境贫困，父亲无法为他提供良好的学习环境，没有多余的钱买灯油供他晚上读书。为此，他只能利用白天时间背诵诗文。夏天的一个晚上，他正在院子里背一篇文章，忽然见许多萤火虫在低空飞舞。一闪

一闪的光点，在黑暗中显得有些耀眼。他想，如果把许多萤火虫集中在一起，不就成为一盏灯了吗？于是，他去找了一只白绢口袋，随即抓了几十只萤火虫放在里面，再扎住袋口，把它吊起来。虽然不怎么明亮，但可勉强用来看书了。从此，只要有萤火虫，他就去抓一把来当作灯用。由于他勤学苦练，后来终有成就，官至吏部尚书。

孙康家里很贫穷，买不起灯油。一天半夜，孙康从睡梦中醒来，把头侧向窗户时，发现窗缝里透进一丝光亮。原来那是大雪映出来的光，他发现可以利用它来看书。于是，他倦意顿失，立即穿好衣服，取出书籍，来到屋外。宽阔的大地上映出的雪光，比屋里要亮多了。孙康不顾寒冷，立即看起书来，手脚冻僵了，就起身跑一跑，搓搓手。此后，每逢有雪的晚上，他就不放过这个好机会，孜孜不倦地读书。这种苦学的精神，促使他的学识突飞猛进，成为饱学之士。后来，他成为一名御史大夫。

凿壁偷光

西汉时有一个大学问家名叫匡衡。他小时候就非常喜欢读书，可是家里很穷，买不起蜡烛，一到晚上就没有办法看书，他常为此事发愁。这天晚上，匡衡无意中发现自家的墙壁似乎有一些亮光，他起床一看，原来是墙壁裂了缝，邻居家的烛火从裂缝处透了过来。匡衡看后，立刻想出了一个办法。他找来一把凿子，将墙壁裂缝处凿出一个小孔。立刻，一道烛光射了过来，匡衡就着这道烛光，认真地看起书来。以后的每天晚上，匡衡都要靠着墙壁，借着邻居的烛光读书。由于他从小勤奋好学，后来成了一名知识渊博的经学家。

苏秦刺股

战国时期，有一个人名叫苏秦，是著名的政治家。苏秦年轻时曾在秦国游说，多次上奏都得不到采用，在秦国的那段时间，苏秦花光了所有积蓄，就连衣服破了都没钱买，生活的窘迫，再加上屡不得志，苏秦只能返回家乡准备东山再起。

窘迫的苏秦回到洛阳老家之后，家里人都不正眼看他，到了家里没人帮他做饭，就连妻子也不理睬他。苏秦心灰意冷，于是在家整日钻研，熟读各种书。苏秦没日没夜地苦读，有时候实在累得打盹，他就用锥子刺自己的大腿。持续苦读了一年后，苏秦再次离家去游说列国。这一次，苏秦成功得到了燕文侯的赏识，并成功推行了合纵的计划，联合了六国，成为六国相国。

孙敬悬梁

东汉时期，有个人名叫孙敬，是一位著名的政治家。他年轻时勤奋好学，经常关起门，独自一人不停地读书。每天从早到晚读书，常常是废寝忘食。读书时间长，劳累了，还不休息。时间久了，疲倦得直打瞌睡。他怕影响自己的读书学习，就想出了一个特别的办法。古时候，男子的头发很长。他就找一根绳子，一头牢牢地绑在房梁上。当他读书疲劳时打盹了，头一低，绳子就会牵住头发，这样会把头皮扯痛了，马上就清醒了，他就接着读下去。这就是后来人们说的"锥刺股"，用来表示读书刻苦的精神。就这样用了一年多的工夫，他的知识比以前丰富多了。

诸葛亮勤奋好学

诸葛亮少年时代，从学于水镜先生司马徽，他学习刻苦，勤于用脑，不但司马徽赏识他，连司马徽的妻子对他也很器重，喜欢这个勤奋好学、善于用脑子的少年。那时还没有钟表，计时用日晷，遇到阴雨天没有太阳，时间就不好掌握了。为了计时，司马徽训练公鸡按时鸣叫，办法就是定时喂食。为了学到更多的东西，诸葛亮想让先生把讲课的时间延长一些，但先生总是以鸡鸣叫为准，于是诸葛亮想：若把公鸡鸣叫的时间延长，先生讲课的时间也就延长了。于是，他上学时就带些粮食装在口袋里，估计鸡快叫的时候，就喂它一点粮食，鸡一吃饱就不叫了。

过了一些时候，司马先生感到奇怪，为什么鸡不按时叫了呢？经过细心观察，发现诸葛亮总在鸡快叫时给鸡喂食。先生开始很恼怒，但不久还是被诸葛亮的好学精神所感动，对他更关心、更器重，对他的教育也就更毫无保留了，而诸葛亮也就更加勤奋了。诸葛亮通过自己的努力，终于成为一个上知天文、下识地理的饱学之人。

李密牛角挂书

李密少年时曾在隋炀帝的宫廷里当侍卫。他生性灵活，在值班的时候，左顾右盼，被隋炀帝发现了，认为这孩子不大老实，就免了他的差使。李密并不懊丧，回家以后，发愤读书，决定做个有学问的人。有一回，李密骑了一条牛，出门看朋友。在路上，他把《汉书》挂在牛角上，抓紧时间读书。此事被传为佳话。

王羲之苦练书法

王羲之小的时候，练字十分刻苦。据说他练字用坏的毛笔，堆在一起成了一座小山，人们叫它"笔山"。他家的旁边有一个小水池，他常在这水池里洗毛笔和砚台，后来小水池的水都变黑了，人们就把这个小水池叫作"墨池"。长大以后，王羲之的字写得相当好了，还是坚持每天练字。有一天，他聚精会神地在书房练字，连吃饭都忘了。丫鬟送来了他最爱吃的蒜泥和馍馍，催着他吃，他好像没有听见一样还是埋头写字。丫鬟没有办法，只好去告诉他的夫人。夫人和丫鬟来到书房的时候，看见王羲之正拿着一个沾满墨汁的馍馍往嘴里送，弄得满嘴乌黑。她们忍不住笑出了声。原来，王羲之边吃边练字，眼睛还看着字的时候，错把墨汁当成蒜泥蘸了。夫人心疼地对王羲之说："你要保重身体呀！你的字写得很好了，为什么还要这样苦练呢？"

王羲之抬起头，回答说："我的字虽然写得不错，可那都是学习前人的写法。我要有自己的写法，自成一体，那就非下苦功夫不可。"经过一段时间的艰苦摸索，王羲之终于创出了一种妍美流利的新字体。大家都称赞他写的字像彩云那样轻松自如，像飞龙那样雄健有力，他也被公认为我国历史上杰出的书法家之一。

4.楼层4主题：走进古代建筑，感受艺术之美

该层楼的楼道长廊是以古代建筑艺术观赏与学习为主题的，可以进行以下三个方面的设置。

（1）对中国古代建筑中所取得的成就进行系统概括

对中国古代建筑中所取得的成就进行系统概括，如可以通过应用古书古籍及各个方面的研究数据，对我国在建筑领域所取得的成就进行全面概括叙述，让学生在这样的叙述中从整体上有效地把握中国古代建筑领域所取得的成就，增强学生的民族自信心。

（2）细化分析中国古代各个朝代建筑的分类、特点

细化分析中国古代各个朝代建筑的分类、特点，让学生对中国古代建筑有一个较为详尽的认知与理解，全面激发学生学习古代建筑知识的兴趣。如教师可以利用图表对中国古代建筑的历史沿革及其特点进行分类展示，见表4-2。

表4-2　中国古代建筑的历史沿革及其特点

朝代	发展描述	具体特征
原始社会——汉代	开成时期	中国木结构建筑技术已日渐完善，人们基本掌握了夯土的技术，并且已经可以烧制砖瓦、修建石建筑
魏晋南北朝	发展时期	砖瓦的产量、质量及木构架技术都有大幅度的提高，该时期兴建了大量的高层建筑

表4-2　中国古代建筑的历史沿革及其特点（续）

隋唐时期	成熟时期	砖的应用更加广泛，琉璃的烧制更加进步，建筑构件的比例逐步趋向定型化
宋朝	大转变时期	宋朝建筑的规格一般比唐朝小，但比唐朝更为秀丽，绚烂而富于变化，出现了各种复杂形式的殿阁楼台
明清时期	高峰时期	砖的生产大量增加，琉璃瓦的数量及质量都高于过去任何朝代。官式建筑已经高度标准化、定型化

（3）采用图文并茂的形式对具有代表性的建筑进行形象的介绍

采用图文并茂的形式对具有代表性的建筑进行形象的介绍，让学生在欣赏图片和查看配图解释中了解中国主要的古代建筑，全面加深学生对中国传统建筑的认知与理解。笔者总结了以下对著名建筑进行展示和解读的形式，可以为大家提供借鉴。北京故宫如图4-1所示，长城如图4-2所示，苏州拙政园如图4-3所示。

图4-1　北京故宫

故宫，又名"紫禁城"，位于北京中轴线的中心，是明清两个朝代的皇宫，东西宽753米，南北长961米，面积达72万平方米，是世界上规模最大、保存最为完整的木质结构的宫殿型建筑群，被誉为"世界五大宫"之首。

图 4-2　长城

　　长城，又称"万里长城"，是一道高大、坚固而连绵不断的长垣，是我国古代浩大的以城墙为主体，同时结合大量城、障、亭、标的立体军事防御工程，主要为了抵御古代游牧民族对中原的入侵，修建历史最早可追溯到西周，被称为"世界中古七大奇迹"之一。

图 4-3　苏州拙政园

　　拙政园位于苏州古城区东北街 178 号，占地 78 亩，大约 5.2 公顷，是苏州现存最大的古典园林，也是江南最大的私家园林。全园以水为中心，花木繁茂，具有江南水乡特色，拙政园与北京颐和园、承德避暑山庄、苏州留园一起被誉为"中国四大名园"。

总而言之，要积极打造传统知识文化长廊来全面推动校园传统文化环境氛围建设，让全校师生在传统文化氛围下更为方便、快捷地了解与学习传统文化知识，更好地传承和弘扬传统文化，让师生们在耳濡目染中不断提升自身的传统文化知识储备与传统文化综合素养。

（三）积极建设班级文化，利用各科进行渗透

班级文化作为校园文化的重要组成部分，可以在加强校园传统文化环境氛围建设中积极推进班级文化的建设，让融合传统文化的班级文化提升学生学习传统文化的热情和活力，让学生在这样的氛围中认识传统、感受传统，促进学生综合素养的提升。而课堂作为学生学习和生活的主要场所，学生大部分的时间都是在课堂中度过的，我们应加强校园传统文化环境氛围建设，借助课堂教学来营造一种学习传统文化、弘扬传统文化的氛围，让学生在语文课堂外也能受到传统文化教育和熏陶。当然，在语文课堂以外的其他学科教学中开展传统文化教育，需要学校的统一规划和安排，以下将从建设班级文化和利用各科进行传统文化教育两个方面展开阐述。

1. 积极建设班级文化

第一，设置建设目标。与创建校园文化类似，建设班级文化同时也需要明确的目标做指引。教师要积极研究本班级学生的基本情况，并结合学校和班级的实际设置针对性较强的建设目标。例如，班级学生的学习意志力不够强，教师在目标设定时就要突出"自强不息""突破自我""奋发有为"等目标，确保目标的设置符合班级的实际情况。

　　第二，教师要积极以传统思想文化进行班级管理。首先，教师要在管理中贯彻"仁爱"的原则，倾注自己的爱心，不断给予学生无微不至的关心和帮扶，让学生感受传统文化思想的魅力；其次，教师要尊重学生在班级文化建设中的主体性，给予学生较大的自主性，让学生为传统文化视野下的班级文化建设出谋划策；最后，教师要组建过硬的班级文化建设委员会，通过该委员会统一规划和组织班级文化建设，总结班级文化建设的经验。

　　第三，教师要积极在传统文化视野下组织开展多样化的班级活动，让学生在丰富的班会活动中全面了解和学习传统文化知识内容。例如，可以开展以"民族文化"为主题的班会，让学生在班会中自由地谈论家乡的古建筑、本民族的民族风情、传统的民间音乐乐器、民族体育项目等。又如，教师可以从闲情、友情、亲情、乡情及爱国情等方面入手，组织开展古诗词竞答活动，让学生在问答中增进和同学之间的友情，加深对传统诗词文化的认知与理解。再如，教师可以"孝"为话题，引导学生自由地论述古人对于孝的认知，让学生在讨论与交流中不断加深对"孝"的感知，并能化知识为行动，做一个孝顺的人，促进他们人文素养的培养和提升。

　　2. 利用各个学科进行传统文化渗透

　　一直以来，大家都想当然地认为继承和弘扬传统文化都应该在语文课堂进行，而忽略了在其他学科教学中进行传统文化教学，这显然是不正确的观念。除语文学科外，高中的其他学科也含有十分丰富的传统文化资源，如高中人教版历史教材，其中的必修部分就系统地阐述了古代中国的政治制度、经济发展、哲学思想及文化成就，这些内容无疑是学生在课堂了解和学习中国传统文化知识内容的重要资源，我们理应充分地利用这些宝贵的资源，让学生徜徉在传统文化的教学之中。

（1）在各科进行传统文化渗透需要注意的事项

第一，要积极挖掘传统文化内容。教师要积极地对该学科的教材进行分析与总结，不断挖掘教材中所包含的传统文化资源，并对其进行合理的分类与整理，为课堂的传统文化教育打好基础。

第二，要积极制定课堂传统文化的教育目标与规划。教师要积极联合优秀的教师同行，一起制定符合学生认知特点和教学实际的课堂渗透规划，在短期的渗透教育中，要细化到每一章、每一小节中，渗透传统文化教育的规则，为课堂高效地开展传统文化教育指引方向。

第三，要结合学科的特点。每一门学科都具有其固有的特点，教师在教学中进行传统文化渗透时要兼顾好学科的特点，使得课堂的传统文化知识渗透更为高效。例如，对于历史学科，该学科具有一定的综合性，诸如政治、经济、历史、文化等内容都会涉及，教师在进行传统文化渗透中要见缝插针地进行渗透，如在讲解某一个历史事件时，教师可以对该事件中所涌现出的代表人物进行描述，渗透民族精神、民族品格等相关内容，让人物的讲解强化学生对事件的感知，促进教学效果的优化。

第四，要及时进行归纳总结。有利于课堂传统文化渗透的"零碎性"，使得很多学生在学习了这些传统文化内容后，会产生遗忘的现象，使得课堂传统文化渗透的效果打了折扣，这就需要教师有意识地对所渗透的传统文化内容进行积极的归纳和总结，如可以让学生准备一个传统文化摘抄本，让学生及时将课堂上所学的传统文化知识内容记录下来，同时教师也要积极鼓励学生在课下对这些内容进行回顾，让学生在回顾中加深对这些内容的再认知与再理解，促进传统文化学习效能的提升。

（2）在各科教学中进行传统文化渗透

第一，英语学科。在英语学科进行传统文化知识渗透和教育要充分把握好教学的各个环节。例如，在课前学生的 presentation（展示）环节，教师可以在正式上课前预留出 3～5 分钟的时间，让学生作与中国传统文化相关的英文小报告，展开即兴演讲，而具体的话题学生可以自己选，这样学生就会去自主地选择话题，像成语（Chinese idioms）、宋词（cí poetry of the Song dynast）、二十四节气（the 24 solar terms）、传统节日（traditional festival）等，让学生对这些内容进行归纳和总结，利用课前的几分钟进行演讲，这样既可以让学生了解传统文化内容，也可以提升学生的听、读及英语综合应用能力，有利于教学效果的优化。

第二，历史学科。在历史学科教学中开展传统文化教育，要求教师主要把握民族精神教育、民族文化教育。例如，在学习孔子的思想主张时，对于孔子的核心学说"仁"和"礼"的评价，教师可以对相关典故进行全面解读、再学习等，让学生在历史课堂充分地徜徉在传统文化教育中，促进学生的全面发展和提升。

第三，数学学科。在数学学科中进行传统文化教育主要从数学史及我国古代人们所取得的数学成就入手，让学生在逻辑思维中融入人文素养，促进学生更好地学习传统文化知识和数学知识内容。

总而言之，语文课堂并不是继承和弘扬传统文化的唯一途径，各科教师要提高自身的责任意识，积极将本学科的教学和传统文化的教育相结合，让课堂徜徉在传统文化的氛围之中，这自然有助于推进校园传统文化环境氛围的建设，促进学生全面地发展。

（四）组建雄厚师资队伍，开发优质校本教材

中国传统文化内容浩如烟海，高中人教版教材中所选编的篇章只是其中的很小一部分，要想全面地继承和弘扬优秀的传统文化，这就需要学校组建实力雄厚的师资队伍，积极开发优质的校本教材，将这些校本教材作为人教版的教材的补充和学生课外阅读的蓝本，积极发挥重要的作用。

1. 关于组建师资队伍

第一，所选人员的实力要雄厚。在人员选择上要选择那些教学经验丰富、传统文化素养厚实、了解一些教材编写技能的人员，只有实力过硬的人员，才能编写出较好的校本教材，这也是编写教材的基本要求。

第二，选择的范围要广。除了包含高中语文教师，还要积极接纳各个学科的教师，如政治教师、历史教师、英语教师、心理教师等，这些教师在教材的编写中都有其独特的作用，如政治教师的参与有助于教材的编写沿着正确的政治方向开展，历史教师对于传统文化的理解和认知有时也并不会比语文教师差多少，而英语和语文同为语言学科，英语教师的作用就更显而易见了。总之，要广泛地接纳各方面的人才，为传统文化校本教材的编写打好基础。

第三，所选人员要有责任心。校本教材的编写肩负着继承和弘扬传统文化的重任，在编写过程中需要教师们有责任心和担当精神，全身心地投入到这个工作中，只有严谨唯实、勇于负责的教师才能较好地履行好自己的义务，提升校本教材的编写质量。

2. 关于校本的开发

第一，基本原则。校本的开发作为含有创新性的工作，具有很大的开放性和复杂性，因此在编写的过程中需要遵守一定的原则：首先是可行性原则。校本的编写

要以本校教师的实际能力和学校的现有资源为基础，根据学生的实际所需而编写，不能好高骛远、不切实际。其次是互补性原则。校本教材作为人教版教材的重要补充，要在编写中积极选择那些和教材互补的内容，以使校本教材和国家课程能够相互协调地发挥整体的育人功能，促进学生全面地发展和进步。最后是地域性原则。校本教材的编写一定要积极融合本地的特色资源，如地方志、地方建筑、地方习俗等，这样既可以拓宽学生的文化视野，又有利于拉近学生与传统文化的距离，激发其学习传统文化的热情。

第二，目标定位。校本课程的开发目标定位是关系到校本课程能否开发好的重要前提，因此要积极明确编写的目标定位，突出主体，主要包括以下三个方面：一是课程的编制需要以学校为主体，充分融入学校的特点，如学校的发展历史、学校的精神风貌等，给予学生一种亲切感；二是课程的编写要尊重教师的意见和主动精神，给予教师一定的自主性；三是课程的具体编写要根据学生的实际需求来开展。

第三，具体安排。传统文化资源的选择和安排尤为重要，首先是包含的内容要丰富多样，既要有政治内容，又要有经济、文化、军事等内容；既要包含物质方面的，又要包含精神方面的，只有校本教材的内容足够丰富，才能吸引学生的好奇心和学习兴趣。其次，校本教材要按照先易后难、先基础后拓展的基本方针来编写，确保能基本符合学生的认知心理和认知特点。最后，在形式组成上要多种多样，如诗词、成员、谚语、俗语、歇后语等，确保学生真正地喜欢这些东西。

总而言之，组建雄厚师资队伍，开发优质校本教材，同人教版教材形成相互补充的局面，让学生能接触到更加丰富多样的传统文化教学内容，促进学生更好地学习与掌握传统文化知识。

三、加强校园传统文化环境氛围建设注意事项

加强校园传统文化环境氛围建设是一项系统而复杂的工作,在这个过程中会面临许许多多的问题和困难,为避免和及时快速地解决这些问题,促进校园传统文化环境氛围建设更加高效顺畅地开展和推进,需要充分重视以下四个方面的基本内容。

（一）要真正的重视起来

加强校园传统文化环境氛围建设对于学生更好地接受传统文化教育和学校校风的建设具有较为重要的意义,学校的每一名教职工和学生都应该真正重视起这项工作来,自觉地将其作为自己分内的一件事情,全面地投入校园传统文化环境氛围建设中来。只有全校师生心往一处想、劲往一处使,才能推进校园传统文化环境氛围建设工作不断取得新的进展,才能让校园充满浓浓的传统文化气息。当然,这既需要大家的自觉,又需要一定的制度来制约,如可以积极明确教职工的责任范围,全面监督学校各个教师的工作情况,对于优秀的教师要给予积极的奖励,对于无所作为的教师要及时地给予纠正和思想教育,让全校人员步调一致地开展工作,共同促进校园传统文化环境氛围建设工作高效地开展。

（二）要发挥教师的作用

教师在校园传统文化环境氛围建设中扮演着较为重要的角色,一方面,教师需要积极地向学校的领导汇报校园传统文化环境氛围建设的进展;另一方面,又要及时地向学生传达校园传统文化环境氛围建设的方针策略,可以说,起着桥梁的作用。如果教师在该项工作之中不作为或者乱作为,就会使得该项工作不能顺利地开展和实施,因此教师要以强烈的责任意识和担当精神,全面履行起自己的责任来,积极向学校献言献策,协调各项工作的有效开展,认真传达校领导的精神指示,不断促

进学生在校园传统文化环境氛围建设中的积极性，激发他们的主人翁意识，促进校园传统文化环境氛围建设工作向着好的方面发展和进步。

（三）要带动学生积极性

学生作为传统文化学习的主体，也是校园传统文化环境氛围建设的重要参与者，激发他们的积极性和主动性，对于校园传统文化环境氛围建设工作的高效开展具有重要的意义，这就要求教师要想办法让学生参与到校园传统文化环境氛围建设的工作中来。为此，教师要积极通过多样化的途径，如课堂教学、班会、课下谈话等，向学生宣传开展校园传统文化环境氛围建设工作的重要意义，让学生全面理解该项工作的开展意义及具体目标、实现方法等，让学生知道该项工作的出发点和落脚点都是面向学生的，从而激发他们的主人翁意识和参与热情，让师生一起为校园传统文化环境氛围建设出策出力，自然有助于校园传统文化环境氛围建设工作的高效开展。

（四）要进行阶段性总结

校园传统文化环境氛围建设工作的复杂性、综合性决定了该项工作不可能轻易地开展，而是需要做好长期性的准备。这就要求我们在这项工作的开展过程中进行阶段性的总结与归纳，以及实时梳理该项工作中存在的各种问题，动态地调整目标规划和方法策略，总结好的经验，从而不断完善该项工作中存在的不足，促进校园传统文化环境氛围建设工作顺畅地推进。在总结的过程中需要集思广益，从多个方面对以前的工作进行全面、具体、细致的总结，确保不遗漏每一个小的环节，让阶段性的总结能真正地发挥作用，而不是走走流程、走走过场就算了，这是需要我们格外重视的。

总而言之，加强校园传统文化环境氛围建设需要全校师生积极行动起来，给予极高的重视程度，不断发挥教师在该项工作中不可代替的作用，积极带领学生投入传统文化环境氛围的建设之中，并及时进行阶段性的总结，让校园真正处于传统文化的浓厚氛围中，促进学校校风的好转，让学生在耳濡目染中得到感染和熏陶，全面提升他们的传统文化知识储备和综合素养。

第二节　开展丰富多样的传统文化教育活动

继承和弘扬传统文化离不开丰富多样的传统文化教育活动，各种传统文化教育活动有助于带动学生的参与性，将枯燥、单一的传统文化学习转化成趣味性强、有吸引力、能带动学生充分参与的集体活动，这自然有助于更好地在语文课堂之外开展传统文化教育，促进学生的全面进步和提升。因此，学校应当积极开展以传统文化为主题的实践活动，如诵读儒家经典、开展语文古典诗词说课大赛、开办语文学科节等。同时，结合学校的实际情况，组织开展与传统文化相关的社会实践活动，如组织学生参加相关社会活动，参观具有浓厚传统文化气息的博物馆、文化馆等，让学生在多元化的传统文化教育活动中加深对传承中国优秀传统文化的理解和体悟。

一、开展丰富多样的传统文化教育活动的基本策略

（一）制定目标规划

开展丰富多样的传统文化教育活动对于带动学生参与性、激发学生的学习欲望和学习热情具有较为重要的作用和意义，因此要对教育活动重视起来，在开展丰富多样的传统文化教育活动前需要积极制定合理的规划，设置可以实现的、明确的活

动目标，这是活动顺畅开展的最为基本的前提。在制定目标规划时需要注意以下四点要求。

第一，目标规划既要有远期规划，也要有短期规划，还要有每一个活动的具体规划。对于远期的规划，要积极本着"带动学生参与性，激发学生参与热情"的原则，不断突出活动规划的前瞻性、可实施性，对学校每个学年所要开展的活动有一个全盘的规划，而教育活动要由易到难、由单一到综合，在人员的参与上也要由少到多，让学生在梯次性的活动中螺旋式地、循序渐进地提升自身的传统文化储备和人文综合素养；对于短期的目标规划，在活动主题的设置中要积极突出对某一模块具体传统文化知识内容的渗透，确保每个阶段都有一个明确的实施方向，让学生整体性地接受传统文化的熏陶和教育，对于某一具体的活动，要积极明确活动的名称、活动的目的、活动的教育主题、活动的基本步骤等，使得明确的目标规划为活动的具体开展指引较为明确的方向，促进活动高效顺畅地开展和实施。

第二，目标的设置要结合实际的情况。无论是长远的传统文化教育活动，还是短期的传统文化教育活动，抑或是某一个具体的教育活动，都应该结合学校、班级和学生的具体情况设置目标。在目标的制订中要明确学校中都有哪些资源、学校能否较好地搭建活动的平台、学校能否高效地组织活动的开展，对于分配到每个班级的教育活动，要积极结合班级的实际情况，看班级是否具备实施这样的教育活动的能力、看活动是否考虑到了学生的基本情况，只有活动的目标规划符合学校、班级及学生的实际情况，才能顺畅与高效地开展活动。

第三，活动目标的设置要有针对性。所谓针对性，是指学校在哪一方面有欠缺、学生在哪一方面需要巩固和提升，这些都需要积极地进行考量和研究。例如，学校的学习氛围不够好，在制定目标时就应该积极地将创设学校的学习氛围作为一个主要的突破方向，如可以开展以"古人是如何克服学习的"为主题的教育活动，让学生在活动中深刻地感受到古人在艰苦环境下的学习精神，从而让学生在传统文化精神的滋润下，树立敢于突破自我、永攀学习高峰的目标，并在实际的学习中不断地前行，这自然可以改善学校的学习氛围。当然，有针对性的目标设置是基于对学校及班级情况充分了解的前提下开展的。

第四，在活动目标规划的设置中要集思广益。开展丰富多样的传统文化教育活动是一个集体性的活动，在目标规划的设置中自然需要积极听取学校师生的建议，因此在目标的制定中要积极地开通意见征集渠道、组织定期协商，确保学校广大师生的意见能不受阻碍地传达到学校的决策层，也只有集思广益后的目标设置才能更加符合学校师生的愿望和期待，在后期的具体活动开展和实施中也会顺畅和高效许多。

总而言之，设置具体的活动目标规划，对于传统文化教育活动顺畅地开展具有较为重要的作用和意义，学校和教师要对此有一个清晰而全面的认知与理解，积极设置科学合理的目标规划。

（二）明确活动主题

任何一项活动都需要积极围绕在一个明确的主题下开展，开展丰富多样的传统文化教育活动自然也是需要一个具体而明确的活动主题来指引的，这对于活动的高效开展具有重要的作用，学校应当对此有一个全面的理解，积极在活动的开展中明确主题，让学生围绕着某一主题去高效地开展活动。

第一，明确总主题、阶段主题和某一活动的主题（如图4-4所示）。主题的设置和明确是分阶段的，每一个具体的时间段都应该有相应的主题。总主题，就是"继承和弘扬传统文化"；阶段主题，可以在总主题的基础上进行扩散；而某一活动的主题，又可以在阶段性的主题下进行扩散。例如，在某一个阶段进行传统文化教育时可以"爱国""好学"为主题，而在这个大的主题下，每一个具体的活动可以有一个小的主题，如在某一次的活动中可以"屈原的爱国情怀""文天祥的铮铮傲骨""囊萤映雪""凿壁偷光"为小的主题（如图 4-5 所示）。

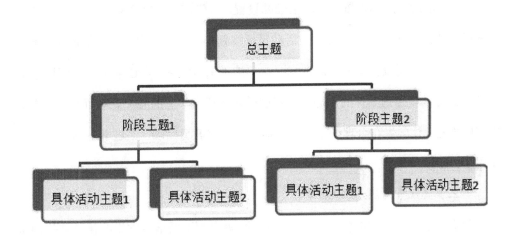

图 4-4　主题设置示意图

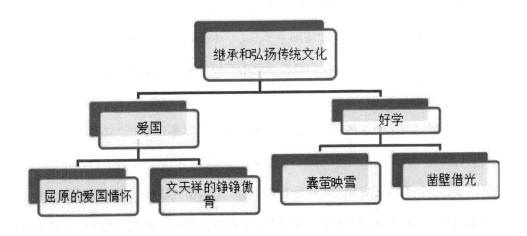

图 4-5　举例主题设置示意图

这就是我们所说的总主题、阶段主题和某一具体活动的主题，只有将这些主题进行有效的明确，才可以让学生在活动开始前进行充分的资料搜集和活动准备，才有利于学生在这个明确的主题下去研究和讨论，不断提升和夯实学生的传统文化知识储备，促进传统文化教育活动高效地开展。

第二，活动主题的设置。活动主题的设置，首先需要围绕着总主题和阶段主题来进行扩散；其次，要结合总体的活动目标规划和学校、学生的实际情况来设置；最后，活动的主题设置要有实际的意义，要能"见名知意"，让学生一看到这个主题名字就可以联想到具体的主题，只有这样才能直击学生的心灵。总而言之，要积极明确主题，让学生在合理的主题下开展传统文化教育活动，促进学生的全面发展和进步。

（三）要注重内涵

我们开展丰富多样的传统文化教育活动，就是要不断培养学生的传统文化知识储备和人文综合素养，不断地传承和弘扬中华民族优秀的传统文化，所以活动的开展不能仅仅流于形式，不能只看活动的场面有多恢宏、活动的规模有多大，而要看学生在活动中对传统文化的认知增加了多少、学生在这项活动中学到了什么、学生的综合素养提升了多少，因此我们要在活动的开展中不断注重其内涵，以真正地体现其价值，发挥其作用。

第一，要融入思想道德教育。活动的开展和实施要充分突出"立德树人"的思想，不断教育和要求广大师生在活动中继承和弘扬我们民族的传统美德，恪守一定的文明规范，并积极从细节入手开展教育活动。而学校领导和广大的教职员要结合传统文化教育活动积极开展师德师风教育，全面督促和激励学校的教师在教育活动中做好表率，积极尽到教师的责任，不断履行自己的义务。同时，教师要在传统文化教育活动中对学生进行积极的教育和引导，让学生也自觉地提升自身的思想道德水平，真正促进全面师生在传统文化教育活动中能有所得、有所获。

第二，要融入文化知识教育。在传统文化教育活动的开展过程中，教师要积极结合本校开发的校本资源，系统、全面地对学生进行传统文化知识教育，让学生了解源远流长的中华文化，并以此促进其文化自信心和民族自信心的形成，让我们新一代的青年能更好地继承和弘扬优秀传统文化，促进学生的全面发展和提升。

第三，要融入艺术和体育教育。在活动的开展过程中要积极挖掘传统文化中包含的戏曲、武术、书法、绘画等艺术，并以传统文化教育活动为依托，积极推进学校二胡、古筝、琵琶、箜篌、葫芦丝、剪纸、书法、足球等基础性的社团建设，在弘扬具有地域特色的传统文艺的同时，为学校培养大量优秀的文艺项目后备人才，让传统文化教育活动真正地发挥其效能，取得事半功倍的效果，促进学生的全面发展和提升。

第四，要融入综合性的社会实践。在传统文化教育活动中要积极融入社会实践教育，让学生依托活动走出校门积极地进行社会实践，让学生"读万卷书，行万里路"，不断提升学生的交往能力、合作能力、组织协调能力以及社会生存能力，促进学生未来更好地发展和提升。

总而言之，要积极提升传统文化教育活动的内涵，不断地在传统文化教育活动中融入思想道德教育、文化知识教育、艺术体育教育、社会实践教育等，让学生在继承和弘扬优秀传统文化的过程中，不断提升其综合能力，为以后的更好发展做好铺垫。

二、开展丰富多样的传统文化教育活动的注意事项

开展丰富多样的传统文化教育活动需要协调学校师生，甚至社会上的一些机构

与群体，因此需要我们在活动的开展过程中做好统一的规划和部署，积极地就传统文化教育活动的开展过程中可能会发生的各种问题进行预案设置，积极做好活动开展的各项工作，同时要注意以下三项事宜。

（一）校内与校外活动相结合

开展丰富多样的传统文化教育活动既需要教师们积极挖掘和利用校园的活动资源，也需要积极将校内校外活动相结合，充分借助校外的活动资源开展有针对性的活动，让学生在校内和校外传统文化教育活动中，更为全面、高效地接触传统文化知识内容，提升他们的传统文化知识储备。其一，校内的活动。对于校内开展的传统文化教育活动要积极地利用学校的各种资源，并设置专门的机构来统筹规划和协调校内活动的开展和实施，像借助文化长廊、班级活动、学校校庆、重要的纪念日、传统节日等，开展丰富多样的校内活动，让学校徜徉在传统文化的氛围之中。其二，校外的活动。要积极借助一些公益性的社会团体、社会机构等，开展有针对性的传统文化教育活动，如积极与博物馆、图书馆、科技馆及当地文物部门等展开协商，共同开展丰富的传统文化教育活动，让学生接触校外丰富的传统文化资源，全面提升传统文化教育活动开展的效能和质量，促进学生更好地发展和进步。

（二）有序推进传统文化教育活动

传统文化教育活动能否强化学生对传统文化知识的认知和理解，能否促进我们更好地传承和弘扬优秀的传统文化，关键在于我们能否有序地推进传统文化教育活动，只有传统文化教育活动能有序地开展和实施，才能让学生将主要的精力放在对传统文化知识内容的学习与把握上，才能让他们心无旁骛地去吸收和汲取传统文化的养料，促进他们茁壮地成长。因此，我们要积极有序地推进传统文化教育活动。

其一，要按照总体的目标设置，循序渐进地推进传统文化教育活动的实施。每个阶段要进行哪些个主题的传统文化教育活动，活动要怎样开展、怎样实施，活动要取得哪些成果等都需要提前来部署，安排专人来负责，让每一项活动任务都有人组织、安排和推进，只有积极明确各方的责任，按照统一的目标规划积极地开展活动，才能有序推进传统文化教育活动的开展和实施。其二，要做好活动前的准备工作。活动开展需要协调哪些机构、活动需要在哪里开展、活动会场怎么布置、活动需要哪些器具、活动的具体流程是怎样的，在活动开始前学校都要对这些有一个全面了解，只有将准备工作做好了，传统文化教育活动才可以较好地开展和推进，学生才可以更好地接受传统文化教育。其三，要注意活动中的秩序维护。活动秩序是否良好、有序，将会对活动的较好开展产生很重要的影响，因此，要积极维护好传统文化教育活动的秩序，确保师生能将主要的精力放在活动本身而不分心。在秩序的维护过程中，首先需要制定活动的规则、纪律，让学生在活动中有章可依；其次要对全体参加活动的人员进行教育，让他们自觉遵守活动的秩序，较好地约束自己在活动中的行为，这也是秩序维护过程中最主要的一方面；最后，安排好活动秩序的维护人员，让他们积极就会场的秩序维护做出具体的安排和部署。

（三）要把学生的安全放在第一位

传统文化教育活动既包括校内组织开展的活动，也包括校外组织开展的活动，这就让我们不得不考虑学生在活动中的安全问题，事先引导全校师生做好防范意识，避免在活动中出现不必要的伤害。其一，要开展安全教育。在学校层面，要将安全问题放到重要的位置来抓，积极对学校教职员工进行安全意识的培训，使教职员工和活动的组织者首先树立安全意识，积极带头学习安全知识，为学生起到榜样的作用。另外，还要积极地在全校范围内开展安全教育活动，让人人讲安全、人人注意安全。在班级层面，要在每一次的活动开展前对学生进行安全教育，教会学生如何抵御、如何在受伤后进行有效的救治等，让学生意识到安全问题的重要性，掌握一定的自救本领。在学生层面，要积极学习安全知识，不断强化自身的安全意识，真正地将安全问题放在第一位，只有这样才能较好地开展传统文化教育活动。其二，要预防可能发生的危险。例如，在布置活动会场的时候，需要在一些高的位置悬挂标语、装饰物，这时就要注意做好防范，避免跌倒和摔伤；在进行校外实践时，需要外出步行或者乘车，这时就要注意交通安全，避免出现交通事故；在参观博物馆、科技馆时，需要上楼下楼，这时要注意预防跌落和跌伤。其三，要组建安全救护人员。虽然已经做好了充分的安全防范工作，但是依然不能掉以轻心，一旦真的发生了危险，则需要快速出动人员做好救治的工作，因此组建安全救护人员就显得非常有必要了，所组建的安全人员必须是有着丰富经验的人员。总之，安全无小事，我们在开展传统文化教育活动时必须要对此有一个清醒的认识，积极做好安全工作，为传统文化教育活动的高效开展做好铺垫。

三、开展丰富多样的传统文化教育活动

真正的传统文化教育要积极地在具体的活动中得到全面落实，只有让学生真正参与到传统文化教育活动中，学生的传统文化素养才能逐渐地得到提升和巩固。教师要积极在教育活动中给予学生指导和帮助，为学生较好地继承和弘扬民族传统文化打好坚实的基础。

（一）校内传统文化教育活动

例如，以"爱国"为主题开展传统文化教育活动，可以先以班级为基本单位展开活动，然后延伸到每个年级，之后再延伸到整个学校（活动开展示意图如图4-6

所示）。在此期间，可以穿插进行许多有关联的教育活动，以对上述活动进行有益的补充，提升活动开展的效能，促进学生传统文化素养的形成和巩固。

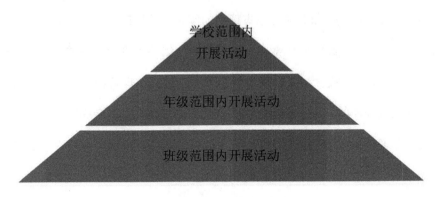

图 4-6　活动开展示意图

让学生以包含爱国主题的古诗词为依托，如岳飞的《满江红·写怀》、辛弃疾的《破阵子·为陈同甫赋壮语以寄之》、文天祥的《过零丁洋》、陆游的《示儿》、杜甫的《春望》、辛弃疾的《永遇乐·京口北固亭怀古》、范仲淹的《永遇乐·京口北固亭怀古》等，开展带有竞争性的朗诵比赛，让学生在竞赛中激发朗诵热情，加深对这些传统文化的认知与理解，同时也促进其爱国情感的升华和巩固。

第一，班级朗诵比赛阶段。在朗诵比赛中，教师可以先将一个班的学生划分成若干个朗诵小组，在班级内部开展朗诵比赛，比一比哪个小组在朗诵比赛中能投入地、带有情感地对这些古诗词进行朗诵。而教师在朗诵比赛中要做好秩序的维护工作，在朗诵比赛进行到一个阶段之后，教师要引导学生积极地归纳和总结朗诵中遇到的各种问题和每个小组的优势，及时将诗词朗诵中存在的问题进行有效的解决，让每个小组分享爱国古诗词的朗诵经验和心得，让组与组之间进行交流和探讨，互相友好地指出对方在朗诵活动中需要改进的地方，讨论每首爱国古诗词所表达的爱国情感、具体的内涵、古诗词的断句、其中重要的句子和字词等，对这些爱国体裁的古诗词有一个全面的把握。从而让学生在这样的讨论中全面地掌握传统古诗词的深层次内涵和朗诵技巧，加深对这些古诗词的印象，提升其传统文化储备和爱国热情。同时，教师要在班级内的比赛中记录好每个小组各个阶段的成绩，经过多轮次的比赛后将比赛的成绩进行汇总，通过检测其对古诗词的理解程度和具体的朗诵效果，在获胜次数较多的几个小组进行优中选优，并再次进行混合编排，保证所选择的出来的队伍是班级中表现最好的队伍，之后可以选出两个朗诵小组为参加年级朗诵比赛做准备，对其进行一个阶段的强化训练，主要是对其进行传统爱国古诗词教育，让其掌握更多的古诗词，把握好其内涵，以便在年级的朗诵比赛中有更多的朗诵素材可选择，而班级的其他学生可以做好辅助性的工作，跟这些组员一起探讨和学习有关爱国体裁的古诗词。在最后的阶段，教师可以从两个小组中选择最优秀的一支队伍代表本班级去参赛，而另一个作为替补小组，以备不时之需。在选拔朗诵小组过程中，为营造了良好的班级氛围，教师可穿插性地组织开展一些其他的传统文化教育活动，如"课间读诗"活动、"饭前一首诗"活动等，让学生在这种精彩的活动中激发学习爱国古诗词的热情和欲望，不断提升古诗词学习的氛围和效果，让学生在多样化的活动中更好地掌握这些古诗词内容，更好地继承和发扬中华优秀的传统文化。另外，该年级的其他班级也应按照这样的安排顺序开展爱国古诗词朗诵活动，从而让传统文化教育活动在学校"遍地开花"。

第二，年级朗诵比赛阶段。年级朗诵比赛要比班级的朗诵比赛更进一个层次，更加注重学生对爱国古诗词的理解和认知，更加注重学生对古诗词情感基调的把握，因此对学生的传统文化素养的要求也比较高。这就要求每个班级积极对代表本班级参赛的队员进行爱国古诗词的教育，帮助学生深刻感知每一首古诗词所表达的情感和基调，并积极带动班级的学生对传统爱国古诗词的学习，让组员在这样的环境氛围中较好地理解爱国古诗词的深层次内涵。在年级朗诵比赛阶段，需要本年级派出人员按照事先制定的各项规划，对比赛的时间、场地进行统一的安排，协调比赛高效顺畅地进行。在开展比赛前，每个班级都应该进行宣传，以带动更多的学生参与到这项活动中来，激发学生学习传统文化的热情。而在具体的比赛中，年级要组织学生进行分批次的观看，并在正式的比赛中插入几个具体的互动活动，如可以让学生对比赛场上的队员进行打分，给予他们一定的"权力"；可以在比赛中随机提问几个学生，询问他们对比赛中所朗诵古诗词的了解程度，让学生在观看前进行充分的准备，从而在更大范围内促进学生了解爱国古诗词、学习爱国古诗词的热情。

年级层面的古诗词朗诵活动，可按照如图4-7所示的顺序开展。

图 4-7　年级层面的古诗词朗诵活动开展顺序

按照图4-7所示的顺序安排统一组织该年级的学生依次开展爱国古诗词朗诵比赛，在此期间也要广泛地带动学生的参与热情，让学生在这样的浓厚氛围中不间断地去学习与爱国主题有关的古诗词，加深学生对古人爱国情怀的理解和认知，不断提升学生古诗词的积累量，促进学生在爱国古诗词朗诵活动中更好地继承和弘扬民族优秀的传统文化。通过几个轮次的比赛，最终可以选出三个优胜的小组，让这三个小组代表本年级参加学校层次的比赛，在这时候，年级中要统一组织，积极将不同小组的力量拧成一股绳，让班级的工作围绕着这几个小组来开展，不断地对这个几个小组开展针对性较强的培训和指导，全面强化学生的古诗词积累，增强他们的朗读技巧，同时最重要的是，要让学生懂得古诗词中的爱国情感和总体基调，只有学生全面地把握好古人的那种情怀，才能真正融入朗诵比赛中，继承和弘扬我们的传统文化。

第三，学校朗诵阶段。学校阶段的比赛是全校范围内的比赛，要比班级、年级阶段的比赛更加具有挑战性，且其带动的面要更广、学生的参与度会更高，这就对学校的组织和协调带来了很大的压力，需要学校提前进行组织和筹划，以保证爱国古诗词朗诵活动能较好地开展和实施。其一，要鼓励各个班级组建"拉拉队"，有自己班级、年级独特的标语、口号，为自己的队伍加油助威，这有助于提升爱国古诗词朗诵活动开展的氛围。其二，要积极鼓励学生观看比赛。活动开展的目的就是让学生更为积极地参与到这次活动中来，激发他们学习传统文化的热情和欲望，促进我们更好地在校园内进行传统文化的传承和弘扬。因此，要积极鼓励学生参与到这次比赛之中，在参观比赛中感受传统文化的熏陶和感染，增加他们对民族传统文化的认识。其三，秩序要维护好。由于是学校级别的朗诵比赛，所以观看比赛的人员比较多，因此要积极维护好观看比赛的秩序，在什么时候进行鼓掌和呐喊，都需要统一协调，还要积极做好安全保障工作，避免在退场时出现踩踏、拥挤等现象。学校层面的古诗词朗诵活动，可按照如图4-8所示的顺序开展。

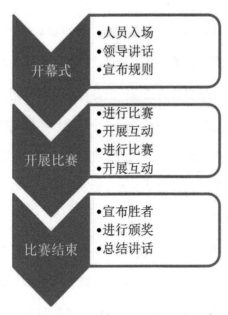

图 4-8　学校层面的古诗词朗诵活动开展顺序

总而言之，通过以上活动，可以在全校掀起一个学习爱国古诗词的热潮，引导学生深入地学习和了解古人的爱国情怀和爱国志向，让学生的学习和生活徜徉在中华传统文化的浓厚氛围之中，自然有利于我们更好地继承和弘扬传统文化，促进学生传统文化知识储备和人文综合素养的提升。

（二）校外传统文化教育实践活动

校外的传统文化教育实践活动一般为参观性质的活动，如参观博物馆，了解古代人的生活起居和我们民族发展的历程，在参观中增加对古代历史发展进程的了解和认知，增强自身的民族自信心和自豪感；参观图书馆，查找与传统文化有关的书籍和史料，在浩如烟海的文学古籍中感受我国古代的灿烂文明，开阔学生的传统文化认知视野等，都需要在学校统一的组织和安排下进行。带领学生进行校外传统文化教育实践活动时需要做好以下四点安排：一是和相关机构协商一致。在具体的参观前应该和相关的机构展开友好的协商，包括告知对方来访的人数、批次、学生的

169

年龄构成，请求相关机构给予一定的配合，使得参观活动可以较好地开展和进步；二是要分批次，要按照年级的高低，分批次、有秩序地去参观，避免一次去的人数过多，造成有关机构难以容纳的情况；三是注意安全问题，要提前对学生进行安全教育和参观教育，要引导学生注意交通安全，遵守相关机构的规定，不能大声喧哗和嬉戏打闹；四是要作总结和归纳。在参观后要让学生将参观时的感想和心得记录下来，互相进行分享和交流，让学生巩固参观的成果，不断提升学生的传统文化素养，促进学生全面地提升。

第一，参观博物馆。在去参观的路上，教师要维持好队形，而队列的前后左右都需要有教师看守，及时了解学生的情况，选择车流量小的道路行走，并在此过程中注意配合交警的指挥。到博物馆后，学校和教师要引导学生分批次地地按照博物馆工作人员的指示进行参观，在参观中认真聆听解说员的讲解，遇到不懂的问题可以在解说员解说完毕之后再进行询问，并适当地采用一些电子录音和录像设备，对重要的内容进行录音和摄像，以备返校后的统一回顾和学习。当然，所有这些设备的使用必须先征求博物馆工作人员的同意。同时，在参观中，要着重引导学生将对实物的参观与已有的传统文化知识储备相结合，以引发学生进行有效的联想和发散，提升学生在参观活动中的学习效能，促进学生较好地接受传统文化知识，不断培养学生的传统文化素养。

第二，参观图书馆。参观图书馆同样要注意路况和学生在行路中的安全问题，在进入图书馆后，要保持安静，不能大声说话，积极根据事先确定好的主题去检索相关的知识内容，有不明白或者疑惑的地方可以积极地向图书馆的人员求助，在这个过程中要尊重图书馆人员，语气要委婉、轻柔，让学生在有序的组织下学习指定的知识内容，让学生从书中感受中华民族的灿烂历史和文明，不断提升学生的传统文化素养和人文综合能力。

第三，参观名胜古迹。在参观名胜古迹时也要遵守规章制度，在参观中要尊重园区工作人员，爱护古代遗址和古代建筑，不能在古建筑上乱刻乱画，也不能随意触碰，也要注意保持园区内的卫生。同时，不能"走马观花"地参观，要注重对文化底蕴的挖掘，积极从名胜古迹中找到传统文化的因素，不断在参观活动中感受中华文明、理解中华文明，促进学生全面地把握好传统文化的深层次内涵。

（三）其他传统文化教育活动

除了以上的传统文化教育活动，我们还要充分挖掘更多的传统文化资源，积极开展多样化、有内涵的传统文化教育活动，让学生在活动中有所得、有所获，不断提升自身的文化素养和文化底蕴。

第一，利用重要的节日开展教育活动。例如，在国庆节、建军节，可以组织学生基于传统文化视野开展爱国主义教育活动，如开展爱国古诗词的竞答活动、辩论赛、成语接龙等活动，让学生在这些饱含爱国思想和爱国情怀的活动中增强学习兴趣和参与热情，积极地提升自己的爱国情怀，加深对古诗词的了解。总之，要积极利用各种节日活动，充分带动学生的参与热情和探究欲望，让多样化的活动深入地走进学生之中，唤醒他们的责任感，让他们形成继承和发扬传统文化的意识。

第二，利用当地的传统文化资源开展教育活动。开展传统文化教育活动还要积极地结合当地的传统文化资源，让学生在对带有地域特色的民俗文化的参观过程中增加认同感，更主动地去学习相关的传统文化知识，提升人文综合素养。例如，可以带领学生去参观当地的非物质文化遗产，了解它们的诞生、发展和传承的历史脉络，在浓郁的民俗气息中获得满满的收获。

第三，进行系列传统文化演讲活动。可以组织本校优秀的教师队伍，积极地研究传统文化知识，并开设"国学教育讲堂"，每周固定地安排若干节课，向学生系列地讲解和普及中华优秀传统文化知识，让学生在这种有趣味的讲堂中更好地继承和弘扬我们优秀的传统文化，全面增加他们的传统文化知识储备。

第四，组建多样化的社团。学校要充分利用本校的资源，以组建多样化的社团为依托，积极开展有趣味性的教育活动。例如，组建诗词社，引导有共同爱好的学生围绕传统古诗词开展讨论活动；又如，组建汉服社，一起就汉服的由来、发展和演变进行研究与讨论；再如，可以组建古筝社，让学生就我国古筝的乐器的特点、音调风格等展开学习与讨论，让学生以组建多样化的社团为依托开展丰富、有趣的集体活动，更能带动学生的参与热情，更能取得实效性。

总而言之，开展丰富多样化的传统文化教育活动，有助于积极落实传统文化教育目标，充分调动学生在传统文化学习中的积极主动性，加深学生对我们传统文化知识内涵的理解和认同，促进学生更好地学习传统文化知识，全面提升其传统文化知识储备和综合素养。

第三节　借助信息技术实施传统文化教育

随着互联网的不断发展，信息技术在我们生活中的应用也越来越广泛，其独特的优势为人们的学习和生活带来了极大的方便，在弘扬和传承我们民族优秀的传统文化中，我们不妨借助信息技术来实施传统文化教育，以不断提升传统文化教育的趣味性、灵活性，激发学生的学习兴趣和学习欲望，让传统文化教学更具有针对性和实效性。

一、借助信息技术实施传统文化教育的意义

（一）提升传统文化教育的趣味性

信息技术的多媒体音频、视频及静态图片、动态图片等，在展示上具有可视性好、形象具体的突出特点，将其应用到传统文化的教育中，让传统文化内容以更为有趣的形式展示在学生的面前，可以全面激发学生的学习兴趣和学习积极性，让学生全身心地投入对传统文化内容的学习之中，有效突破学生学习传统文化知识内容的瓶颈，有助于提升学生学习的效能。

（二）提升传统文化教育的灵活性

信息技术包含的内涵十分广泛，从大的范围上来看，既包括一般性的网页、互联网界面，也包括互联网技术、互联网软件和硬件，将这些内容应用到传统文化的教育之中，可以在很大程度上提升传统文化教育的灵活性。例如，对于网页而言，其可以是滚动的，也可以是固定的，而且可以在任何时间和任何地点打开这个网页，进行传统文化知识内容的学习，这种形式无疑可以让学生在学习传统文化时更加灵活、高效。又如，我们可以将某一类型、某一主题下的传统文化内容制作成模块化的微课视频，将其放置到网络共享空间上，引导学生根据自己的需要灵活地进行下载与观看，让学生可以不受任何限制地学习这些内容，这自然可以充分提升学生传统文化知识内容学习的灵活性和实效性。

（三）提升传统文化教育的内容量

互联网上的传统文化内容浩如烟海，可以说取之不尽、用之不竭，打开了互联网就等于走进了数十个图书馆，如果我们在传统文化教育中能积极地借助互联网和数据库技术，则可以全面丰富传统文化知识储备，让学生可选择地汲取更为有用的知识内容，不断拓展学生的学习视野和学习思路，让学生传统文化储备得到极大的

提升，促进其综合素养的有效巩固。

总而言之，将信息技术全面应用到传统文化教育中具有较为重要的作用和意义，教师要积极探索将信息技术应用到传统文化教育中的有效方法与具体策略，全面提升信息技术应用的效果，促进学生较好地学习传统文化知识内容，不断提升其传统文化知识储备。

二、借助信息技术实施传统文化教育的注意事项

（一）充分发挥信息技术的优势

信息技术具有形象具体、可视性好、容量大、灵活度高等突出特点，教师在应用信息技术实施传统文化教育时要积极地发挥其优势，合理地利用其特性，只有这样才能不断激发学生学习传统文化知识内容的乐趣，全面提升传统文化教育的效能。为了有效发挥信息技术的优势，教师可以进行以下两个方面的工作：其一，积极增强自身的信息技术能力。教师是否懂信息技术、教师的信息技术应用能力是高是低，将直接影响到其对信息技术的应用效果。因此，教师应友好积极地强化对信息技术的认知和理解，不断地通过各种途径提升自身的信息技术素养。例如，可以浏览有关信息技术内容的书籍，不断向优秀的教师同行学习信息技术知识，参加一些信息技术培训的课程等，让自身信息技术能力得到较大程度的提升。其二，要积极应用信息技术。当掌握了一定的信息技术知识技能储备后，如果不及时地进行应用和实践，那么很快便会遗忘，因此要积极进行应用。例如，可以经常性地利用形象化的多媒体开展高效的课堂教学、借助微课开展趣味性的课后复习等，只有将信息技术的功底夯实，才能较好地应用信息技术实施传统文化教育。

（二）信息技术只是手段，而不是目的

将信息技术应用到传统文化教育中具有较为重要的作用和意义，但并不意味着信息技术就是我们开展传统文化教育唯一的方法，甚至将应不应用信息技术作为传统文化教育效果好坏的一个评判标准，这显然违背了我们开展传统文化教育的目的。因此，我们在应用信息技术开展传统文化教育中要树立正确的应用理念，即信息技术只是我们开展传统文化教育的一种手段，而不是我们最终的目的。其一，树立正确的理念。正确的理念即我们上面所说的"信息技术只是手段，而不是目的"，我们在开展传统文化教育中要时刻注意这一点，只有树立了正确的应用理念，才能沿着正确的道路开展传统文化教育，不断提升传统文化教育工作的开展效能。其二，不能过度依赖信息技术。在开展传统文化教育时，教师要重视信息技术的应用，但不能过度依赖信息技术，要本着适度的原则，即可以利用信息技术时，要积极应用；不适合采用信息技术开展教育时，就尽量不用，只有把握好度，才能发挥信息技术的最大效能。

总而言之，教师在应用信息技术开展传统文化教育中要树立正确的应用理念，充分发挥信息技术的独特优势，全面借助信息技术提升传统文化教育实施的效能，促进学生更好地进行传统文化的学习。

三、借助信息技术实施传统文化教育的基本策略

在充分认识到信息技术应用到传统文化教育过程中的优势和树立了正确的信息技术应用理念后，教师要积极探索将信息技术应用到传统文化教育中的有效方法与策略，高效地开展传统文化教育。

（一）建设网站

活动的开展、内容的存储及相关信息的发布等都需要一个有效的载体，而建设传统文化教育网站显然是一个良好的途径，在该网站上可以实时发布与传统文化教育活动相关的比赛信息，和学生开展良性的互动，进行文化教育等。因此，我们要积极推进传统文化教育网站的建设，并以此平台为重要依托，全面高效地开展传统文化教育。

第一，网站的模块构成。网站的模块构成可以根据每个学校的实际来统筹规划，一般而言，可以有主页、新闻动态、知识学习、留言互动、分支机构、教育规划等模块。其中，首页模块主要展示传统文化教育的重要信息，如教育活动的基本开展情况、相关模块的学习情况。也就是说，首页可以对新闻动态、知识学习、留言互动、分支机构、教育规划等模块的重要信息进行抽取和展示，并可以链接到多个模块。新闻动态主要展示学校开展传统文化教育中的一些信息，如学校环境氛围建设的最新情况、传统文化教育活动的开展情况等，有助于学生对传统文化教育情况进行全面了解；知识学习模块主要展示传统文化学习资源，如唐诗、宋词、元曲等，供学生自由地学习和研究，另外还有各种传统文化教学视频，供学生观看，是传统文化教育的重要资源支撑点；留言互动模块主要是接收学生对传统文化教育建议的一个重要通道，可以让学生和教师通过这个平台开展良性互动，不断解决传统文化教育中存在的突出问题，促进传统文化教育向着好的方向开展和进行；分支机构模块主要包含学校的三个年级，如高一年级、高二年级和高三年级，还有其他的一些机构组成，这些子机构下又包含若干个分支机构，如高一年级分支下又包含具体的班级，在班级模块中可以看到每个班级开展传统文化学习的基本信息和情况；教育规划模块主要就传统文化整体教育目标、实现途径等内容进行展示，让学生对学校在哪个阶段开展哪些传统文化教育工作有一个全面的了解和认知，以上这些模块基本包含了传统文化教育的主要组成内容。

第二，网站的维护。网站的日常更新和管理工作队伍可以由计算机教师和语文教师组成。其中，计算机教师可以为技术方面的工作进行维护；而语文教师主要对与传统文化教育有关的内容进行更新和维护，同时还要做好和学生的互动与沟通工作。总之，要积极建设传统文化教育网站，让网站成为进行传统文化教育的重要阵地，促进学生更好地学习和掌握传统文化知识。

（二）开展知识竞赛

知识竞赛有助于激发学生的集体荣誉感和学习动力，促进学生主动地去学习传统文化知识，因此要积极借助信息技术开展传统文化知识竞赛，让学生在竞赛中深刻地学习与把握传统文化知识技能，不断提升学生的传统文化知识储备。

第一，在网站上设置传统文化知识竞猜模块。可以在该模块先给出某一传统文化题目，同时一并给予可供选择的答案选项，供学生来选择。学生选择后则给出正确的答案，让学生进行对比，最后统计学生总体的得分情况，检验学生传统文化的知识储备情况。例如，"'知否，知否，应是绿肥红瘦'这句著名的词出自哪位作家？"下面有4个选项："A 李白；B 朱淑真；C 李清照；D 晏几道"，当学生选择"晏几道"时会提示错误，并给出正确的答案——"李清照"；当学生选择"李清照"时会给出一个"大拇指"图片，这种竞赛式的形式有助于激发学生的探究热情，促进学生较好地学习与掌握传统文化知识内容。

第二，利用多媒体开展知识竞赛。可以利用多媒体展示相关的传统文化题目，并采用随机软件对学生进行随机提问，提问后立即开始时显示，如果学生在规定的时间内未能说出正确的答案，则扣除学生一分；如果答题正确则奖励一分。当然，这些问题展示、随机提问、计分工作等都是依靠相关的计算机软件来完成的，有助于提升竞赛的形象性和趣味性，同时自动化的计分和提问，也有助于缩短比赛用时，促进教育活动高效顺畅地开展和实施。总之，要积极借助信息技术的优势，开展趣味性强、灵活多样化的竞赛，加深学生对传统文化知识内容的印象。

（三）开发微课

微课作为一种多媒体形式的展示方式，具有模块独立、形象具体、可移动的突出特点，教师要积极利用微课视频的这种突出优势，积极开发传统文化微课教学视频，让学生在学习这些模块化的微课视频中较好地掌握传统文化知识，不断提升学生的传统文化素养。

第一，内容的选取。单个的微课视频时长大约在 3～10 分钟左右，不可能将所有的内容都包含进来，因此教师在开发微课时要分清主次，在选择传统文化内容时，要积极结合学校传统文化教育目标规划，同步地选择需要学习的重点内容，对于学生容易把握和理解的内容可以大胆舍弃。另外，教师还要注重对这些内容的整理和精简，只有这样，才能利用微课教学模式的优势，将这些内容较好地进行讲解和突破，降低学生在理解上的难度，提升传统文化的教育效果。

第二，微课的设计。在设计微课的时候，主要把握以下三点内容，一是目标。所设计的目标要充分结合学校和班级的目标设置，并考虑到高中学生的认知水平及认知能力等。只有微课的设计目标符合学校和学生的实际情况，才有实现的可能性。二是形式。教师在设计微课时要充分考虑和明确教学时所采用的形式，如合作学习、口授法等。只有明确形式，在微课设计时才能有所依据。三是内容。在内容的设计上要突出主题、细化内容等，只有教师在微课设计中把握好这些内容，才能较好地进行微课设计。

第三，微课的制作。微课制作是将已经设计好的内容制作成微课视频的形式，主要需要考虑以下三个方面的要求：一是图像要清晰、具体，一个清晰、逼真、具体的微课视频是可以激发学生的学习兴趣，给学生一种真实的感觉的。教师在制作微课视频时要让画面尽可能地具有渲染力。二是衔接，虽然微课视频只有3～10分钟左右，但是也需要进行很多次的画面转换，教师在制作微课视频中要将衔接和转换做好。只有这样，学生在学习中才会有水到渠成的感觉。三是画面字幕相结合，教师在制作时尽可能地为视频画面配上字幕，使得画面字幕相结合，只有这样才能充分调动起学生的各种器官感觉，提升教学传统文化教育效能。

（四）借助微信公众号开展传统文化教育

微信公众号作为一种较为流行的公众平台，具有许多优势，主要有以下三点。

第一，形象性好。微信公众号一个突出的特点就是形象性好，我们通过设计和编辑可以使得微信公众号的界面更加和谐友好、更加富有渲染力、更加带有趣味性，再加上微信公众号所承载的内容，如微课、图片、PPT课件等多媒体形象性也比较好，这种优势是传统的口授法和板书教法所难以比拟的，可以在很大程度上激发高中学生学习传统文化的兴趣和热情，促进学生更好地开展传统文化知识内容的学习。

第二，互动性强。微信公众号是一种一对多的互动传输平台，既可以发布海量的多媒体内容，也可以让学生上传和反馈相关的内容，还可以和学生进行实时地沟通与互动。良性的互动效果，有利于教师全面了解学生的传统文化知识学习状况，并根据互动所了解到的情况及时改进指导方法和策略，让学生的传统文化学习更加具有针对性和实效性。

第三，灵活度高。一方面，微信公众号摆脱了时间和空间的约束，使得学生可以随时随地地根据自己的需要下载和学习相应的传统文化知识内容，让学生的学习"化整为零"，充分有效地利用碎片化的时间，自然有助于学生更好地进行传统文化的学习。另一方面，教师还可以通过对微信公众号界面进行设计，将不同的学生分成层次不相同的小组，量身制作相应的传统文化学习内容，在发布时实现定向发布，大幅度提升传统文化知识内容学习的针对性。建立微信公众号的流程同建立传统文化教育网站的流程基本类似，在此不再作具体阐述。

综上所述，借助信息技术实施传统文化教育是一种重要的途径，我们要树立正确的应用理念，积极利用信息技术的优势，有效建设传统文化教育网站、开展趣味性强的知识竞赛、开发形象化的微课教学视频和微型公众号，不断进行高效的传统文化教育，让学生更为全面、具体地掌握传统文化知识内容，促进其人文综合素养的有效提升。

第四节　积极联合社会家庭开展合力教育

学校是学生学习和生活的重要场所，对学生的成长产生重要的影响，而社会和家庭也会对学生的成长产生极其重要的影响。我们在开展传统文化教育的过程中，不仅要利用学校的各种资源开展教育，还要积极联合社会、家庭开展合力教育，让社会和家庭作为学校传统文化教育的一个重要补充，促进学生更好地学习传统文化。

一、社会层面的传统文化教育

（一）从国家的层面来看传统文化的教育

1.重视社会传统文化教育环境建设

首先，国家要在大的方向上给予指引，当然，国家也在为此而积极地努力。例如，2014年3月26日，教育部印发了《完善中华优秀传统文化教育指导纲要》；2017年1月25日，中共中央办公厅、国务院办公厅印发了《关于实施中华优秀传统文化传承发展工程的意见》。这两个政府的指导性文件给传统文化融入高中语文教育注入了新的生机与活力，从根本上确定了语文教育与传承和弘扬中华传统文化的不可分割的紧密联系，这为我们较好地传承和弘扬中国传统文化指引了方向，也奠定了坚实的基础。

其次，除了这些大方向上的指引，国家还需要积极地将政策具体化，不断地引导更多的社会机构投入对民族传统文化的继承和弘扬中来，积极为学生营造良好的传承传统文化的社会氛围，让青少年意识到传承和弘扬中华传统文化既是每一个中华儿女的义务，同时又是每一个中华儿女不可推卸的责任。例如，积极保护国家物质和非物质文化遗产，全面重视起对我国传统节日深层次内涵的挖掘和领会，在国家层面举行一系列的传承传统文化的公益活动。又如，号召社会各界对传承中华传统文化进行公益性的广告宣传，组织专门的传统文化宣讲员进入高中语文课堂，使学生在完成繁重的学业之余，听听不一样的声音，为学生学习和掌握传统文化知识内容创造一个好的环境氛围，促进其人文素养的快速提升。

2.发挥各类大众传媒的导向作用

面向大众的宣传普及是弘扬中华优秀传统文化的基础性工作，国家要积极引导大众媒体发挥其继承和弘扬优秀传统文化的责任，积极为高中学生学习传统文化创造具体的指引和良好的条件。

第一，高中生已经能够频繁地接触到各类传媒，各类出版部门应当格外关注这一时期青少年的思想道德建设以及相关的宣传报道，把为青少年提供更好的精神食粮作为自身神圣的社会职责，以中华古代文明史、近代史、现代诗等为基础编写、出版一些适用于高中学生的通俗读物、图册，为学生学习传统文化知识内容提供丰富的资料选择，这是最为基础性的前提。

第二，影视媒体可以积极创作一些具有民族特色且能够展示中华优秀传统文化的影视剧，以供学生在课余时间观看学习，让学生在娱乐中就可以轻轻松松地学习到传统文化内容。

第三，在电视节目和网络的节目编排上要积极突出传统文化元素。对于电视节目，要积极制作一些具有传统文化韵味的节目，如《中国诗词大会》《国学小名士》《朗读者》《国家宝藏》《诗歌之王》《见字如面》等节目；对于网络平台，要积极宣传有关传统文化的内容，让全社会在这样浓厚的传统文化氛围中掀起学习传统文化的热潮，自然有利于学生对传统文化的学习和继承。

总而言之，在国家层面要积极出台更为有力的措施，做好指引工作，并不断鼓励和号召社会机构参与到继承和弘扬我们民族传统文化内涵的活动中来，为高中学生继承和弘扬传统文化营造一个优良的学习氛围。

（二）积极联合社会机构开展传统文化教育

社会中包含丰富的传统文化资源，学校在开展传统文化教育时要积极引入和利用社会的资源，对学生开展合力教育，拓展传统文化教育的覆盖面，为学校的传统文化教育提供新的生机和活力，促进学生的全面发展和进步。

1.积极联合社会机构开展传统文化教育

第一，会同社会机构开展一系列的教育活动。例如，去博物馆和图书馆参观，了解传统文化，还可以积极邀请一些著名的史学家、文学家来学校开办传统文化教育讲座，让他们为学生讲述我国的历史进程、中华民族的灿烂文化，让学生在认真地聆听中不断提升对传统文化学习的兴趣和传统文化知识储备，对我们民族的发展有一个更为清晰的认知和理解，增进他们对中华民族传统文化的认同感，提升他们的民族自信心。

第二，联合社区开展教育活动。让学生积极去社区参观，寻找与传统文化有关的因素，同时邀请社区文化管理员向学生介绍地方志，让学生了解当地的民俗民风及历史沿革和变化，加深学生对这片土地的热爱，提升他们的传统文化知识储备。

第三，和社会机构一起举办活动。例如，一起开展舞狮活动、演讲比赛，并让学生积极参与到这些极具传统文化韵味的活动中来，不断促进学生传统文化素养的提升。

2.联合社会开展传统文化教育需注意的事项

要想有效发挥社会机构在传统文化教育活动中的效能和作用，需要注意以下几点：首先，要做好协调工作，树立共同目标。学校教师要积极和相关的社会机构进行协调，建立一致的目标规划，在此基础上开展更深层次的合作，促进联合教育工作向着更好的方向开展和实施。其次，组建合作委员会。为了更好地和社会机构开展联合教育，学校可以与社会机构共同组建联合委员会，共同制定传统文化教育的未来规划以及较为快速地解决合力教育中存在的一些突出问题，让合力教育发挥更大的作用，促进学生健康成长。

总而言之，要积极利用社会中大量的传统文化资源，与社会机构开展合力教育，弥补学校在某些方面的空白，促进学生全面地学习和掌握传统文化知识，大幅度提升传统文化教育的效能，使学生更好地继承和弘扬我们民族的传统文化。

二、家庭层面的传统文化教育

家庭是学生生长的重要地方，也是学生的第一所学校。除学校之外，家是与学生联系最紧密的生活场所，对高中阶段青少年的身心发展具有重大影响，因此营造良好的家庭文化氛围也非常重要。高中阶段的学生面临着高考的重压，父母也常常出于望子成龙的心理，更加注重孩子的应试成绩。父母对子女起着榜样的作用，父母应当有传承中华传统文化的自觉意识，以身作则，引导处于青春期的子女对中华传统文化产生认同感。而学校要积极联合家庭开展合力教育，不断提升其传统文化素养，促进学生更好地发展和进步。

（一）联合家庭开展传统文化教育的意义

1. 有助于营造良好的家庭和校园传统文化教育的氛围

不少家长认为对学生进行传统文化教育是学校的主要职责，学校应当全面负责对学生进行传统文化教育的工作。这种观念只是强调了学校的职责，却忽视了家庭在传统文化教育中的作用，殊不知家庭对于高中学生的成长和进步具有十分重要的影响，只有学校教育和家庭教育相互结合、共同发力，才能全面了解学生的基本情况，为学生的传统文化学习营造良好的家庭和校园共育的浓厚氛围，促进学生更为全面高效地接受传统文化教育。例如，家长可以陪同学生一起阅读经典名著、朗读诗词名篇，让学生体验到传统文化学习的快乐，这既可以缓解学生高考的压力，又可以增进家长和学生之间的互信，促进学生传统文化素养的有效提升，而通过家庭教育和学校教育的联合发力，创造良好的传统文化学习环境，让学生在校园与家庭的生活中能处处感受到传统文化的熏陶，让这种良好的教育氛围为学生高效学习传统文化指引方向。

2. 有助于学校教育和家庭教育形成互补

学校教育和家庭教育无论在形式上，还是在内容上都是有一定的区别的，学校教育是采用集体的形式，让学生在合作交流中接受传统文化教育，而家庭教育主要是通过家长以身作则及家庭氛围的感染和熏陶，让孩子在耳濡目染中感受传统文化，接受传统文化教育。可见，学校教育和家庭教育存在着很大的互补性，当学校教育和家庭教育形成教育合力时，可以产生"1+1＞2"的效果，自然有利于高中学生更好地接受传统文化教育。因此，要在充分发挥各自教育的优势上，不断强化家庭教育和学校教育的融合与互补，家长与学校要积极进行沟通和联系，为高中学生制订有针对性的传统文化教育计划，互相分享与高中学生有关的多方面信息，如学生的性格特点、学习习惯、最近的状态、传统文化知识掌握情况等，让学校及家长更为全面准确地了解学生。而学校要积极重视起家庭教育，积极对学生学生家长进行指导和帮扶，联合制定对学生进行传统文化教育的目标，积极探索对学生进行传统文化教育的有效方法与策略，让家校共育这种互补性极强的教育模式发挥更大的教育价值，不断提升学生的传统文化知识储备和传统文化素养。

3. 有助于促进高中学生健康地成长和进步

学校传统文化教育或者家庭传统文化教育难免会存在这样或那样的不足，如学校传统文化教育对学生的了解自然没有其父母对其了解得更加深入，而家庭传统文化教育会受到家庭氛围、家长的知识水平、家长长时间付出的影响，导致传统文化教育的效果会有很大的不同。学校传统文化教育及家庭传统文化教育存在的种种不足，自然会在很大程度上影响着高中学生的健康成长和进步，而将学校传统文化教育和家庭传统文化教育进行有机结合和相互融合，形成家校共育的模式，让学校和家庭之间进行高频率的沟通，互相交换学生的信息情况，自然有助于学生在传统文化教育中健康地成长和进步。

（二）积极联合家庭开展传统文化教育

学校传统文化教育和家庭传统文化教育有其各自的优势，我们要在开展传统文化教育中积极和学生家长进行沟通，推动家校联合开展传统文化教育，并不断探索家校联动开展传统文化教育的有效方法和长效机制，让传统文化教育工作更为高效顺畅地开展和实施，使学生的传统文化素养有一个较大的提升。

1.确立家校联动开展传统文化教育目标

家校合力开展传统文化教育要想顺畅高效地进行，就需要积极联合家庭一同制订合理有效的传统文化教育任务、目标及规划。只有在明确的传统文化教育目标指引下，家庭和学校的联合传统文化教育才能有章可依。

确立家校联动开展传统文化教育目标，其一，要求教师积极和家庭进行全面细化的沟通与交流，了解家庭和学校的实际情况，并认真分析学生的具体情况，了解学生近期在传统文化学习中的基本情况，掌握学生在哪一方面需要强化，如分析学生是学习兴趣不够高、对传统文化不感兴趣，还是没有时间学习传统文化知识，分析过后为学生量身定制合力传统文化教育规划，从整体上对家校合力传统文化教育目标进行明确，为家校联动开展传统文化教育指引方向。其二，教师要积极在传统文化教育工作中落实所制定的合力教育目标，并引导家长也积极在合力教育目标的指引下开展有效的传统文化教育，对家长在传统文化教育工作中遇到的问题给予积极的分析、指导与帮扶，让家校联动开展传统文化教育工作真正落到实处。其三，教师要积极将联合开展传统文化教育中遇到的各种问题和难题进行总结、归纳，积极同家长一起商讨良好的应对办法，并根据实际情况对联合传统文化教育的中长期规划、短期目标进行有针对性的改进，确保传统文化教育目标的可行性与科学合理性。

总而言之，只有在家校联合开展传统文化教育中全面明确合力教育目标，才能更好地进行传统文化教育，促进学生传统文化素养的提升。

2. 建立健全家校顺畅沟通的有效机制

顺畅高效的家校传统文化教育，一方面需要明确的传统文化教育目标做指引；另一方面还需要教师和家庭建立健全有效的沟通机制，并通过经常性的沟通与联系全面增加家长和教师的互信，促进家校合理传统文化教育更为高效地开展和实施。

建立健全家校顺畅沟通机制：其一，教师要积极利用家长会这种传统的家校互动形式，与学生家长进行沟通和联系，一同探讨传统文化教育的有效方法、策略，解决家校合力开展传统文化教育中遇到的问题，充分发挥家长会在联合开展传统文化教育中的作用，促进传统文化教育工作高效顺畅地开展与实施。其二，教师要积极拓展新的联系与沟通机制，如建立 QQ 群、微信群组、家校互动网站、家校互动电话专线，并通过这些途径及时向家长汇报学校传统文化教育情况、学生的最近状态，并引导家长积极将家庭传统文化教育情况和学生的信息进行共享。例如，可以根据实际的家校传统文化教育情况建立"联合传统文化教育"信息共享群、家长建议群、特殊情况群等，通过这些群组可以随时随地地共享学生的信息，了解家校联合开展传统文化教育的最新情况，进而改进合力教育工作中存在的不足和漏洞，让传统文化教育在顺畅的沟通中取得更好的效果，全面助力学生的健康成长和进步。

总而言之，要全面建立健全家校顺畅沟通机制，只有沟通顺畅了，传统文化教育工作才能更好地开展和实施。

3.开展家校联动传统文化教育活动

家校联合开展传统文化教育最为关键的是合力教育目标的落实，教师要积极以多样化、丰富化的传统文化教育活动为重要依托，全面推动合力教育目标的落实，让家校合力教育真正发挥出其作用，促进学生传统文化储备及人文综合素养的提升。

开展家校联动传统文化教育活动：其一，教师可以利用家长会时间开展以"家长学生面对面，传统文化一起读"为主题的传统文化教育活动，让教师、家长、学生坐在一起进行趣味性强的传统文化教育活动，既可以促进学生传统文化知识素养的提升，又可以增进教师和家长及学生之间的关系，可以说意义重大。其二，教师可以利用重要的节日，联合家长一同对学生开展传统文化教育，如借助国庆节开展以"爱国诗词我知道"为主题的传统文化教育，借助端午节开展以"共度端午佳节，品味屈子情怀"为主题的传统文化教育等，让多样化的传统文化教育活动为家校联合开展传统文化教育提供依托，促进学生更好地成长和进步。

总而言之，传统文化教育对于学生人文素养的提升具有较为重要的作用和意义，教师要积极联合家庭开展合力传统文化教育，并确立家校联动合力传统文化教育的任务目标，建立健全家校顺畅沟通的长效机制，开展家校联动合力传统文化教育活动，让合力传统文化教育焕发出新的生机与活力，为学生继承和弘扬民族优秀的传统文化素养搭桥铺路。

第五章　传统文化视野下高中语文教学案例分析

　　本章中，笔者将以杜甫的《登高》古诗为例，分"教学设想""教学设计"及"教学反思"三个主要步骤，就传统文化视野下高中语文有效教学进行研究和讨论，并在该案例中力求将教师、教材与教学设计、教学实践融为一体，实现教学效益的最优化，为广大高中语文教师同行在课堂进行传统文化教学提供一些有益的经验借鉴和思路启迪。

第一节　教学设想

　　中国古代批评史中早就有诸如"诗无达诂""言不尽意"等观点，都在表明古诗词微言大义、表述含蓄，其中的主旨内容，需要读者深刻解读方能知其寓意。本节课将以杜甫《登高》为例开展教学设计，经过一系列的研究和讨论，笔者主要有以下四点教学设想。

一、传授民俗文化知识

　　据传杜甫的《登高》一诗是创造于九月九日的重阳节，这是我国重要传统节日之一，古时民间在重阳节有登高祈福、秋游赏菊、佩插茱萸及饮宴求寿等习俗，体现了中华民族传统文化的民俗特征。设想让学生通过认真仔细的课前预习，初步了解重阳节文化的基本内容、具体程序与深刻的文化寓意，通过网络搜集有关的史料书籍、观看相关的网络视频，来具体、全面和深刻地感受这一节日的民俗特征，而在预习之后，教师可以组织学生交流分享自己在求知过程中的感受及对重阳节的认知。这是一个自主感知民族文化、增强民族自豪感的过程，应该给予学生较大的自由度和支持度，全面发挥学生的主观能动性，积极地引导和帮扶，促进学生更为深刻地学习和感知民族文化知识，提升其语文综合学习能力和传统文化素养。

二、认识杜甫

诗歌是作者的情感寄托，我们在读任何一首古诗词或者其他作品的时候应该对作者有一个深刻而全面的了解，只有读懂了作者、了解了具体的背景资料，才可以从更深的层次对作品进行感知与解读，全面提升我们学习传统文化的深度。因此，我们需要在学习中介绍杜甫的具体生平经历、个人秉性天赋、独有的思想体系及其所处时代的基本特征。从历史的记录中，我们不难发现杜甫生活在唐朝由盛转衰的历史转折时期，根据生活经验，大凡经历巅峰又跌入低谷的人，都难有从容淡泊之情怀，如"千古词帝"李煜，其可谓经历了人生的大起与大落，由一个享受荣华富贵的、高高在上的天子，沦落为任人欺凌的"违命侯"，其中滋味或许只有李煜自己能明白。所以，时代的跌宕起伏与个人经历的坎坷漂泊相融合，交汇成杜甫思想情感的抑扬顿挫，尤其是他忧国忧民、以天下为己任的思想，充分体现了古代文士"死守善道"的坚定信仰，以及爱国忧民的高尚情怀。这份沉重的历史责任感与使命感，使其抑扬顿挫的情感基调变得格外的厚重。而杜甫将其个体生命融入国家命运之中凸显出的神圣品格，成为杜甫及其诗歌的特点，称其为"诗圣"最恰当不过。学习杜甫诗作，要着重引导学生从整体上感受作者的忧国忧民、心系天下的表面意蕴，还要引导学生领悟杜甫超越个体价值追求，成就人类、国家理想的高尚品格，以及其人生境界、气度格局的博大。这是我们在引导学生认识杜甫中需要具体把握的地方。

三、登高远眺的文化寓意是我们教学应该把握的重点

登高远眺、心生感慨、吟诗作赋，这已经成为一种蕴含着多层意蕴的文化符号，也已经成为古代诗人的信念寄托，对这些内容进行了解，可以引导我们去展开丰富的联想、进行深刻的感知，因此可以作为本诗教学的物质立足点。人教版初中语文教材中共选取了 7 首以"登高"为主题的诗（包括"课外古诗词背诵"篇目），人教版高中语文教材选取了 3 首，这些登高诗或表达"天下己任"的家国情怀，或抒发思乡怀人的真挚情感，或凸显"以顺处逆"的豁达襟怀，无一不蕴含丰富的文化意蕴。上课之前，高中语文教师首先可以普及相关内容，为学生理解课文尽量提供较为充足的课内和课外的学习资料，降低学生在学习和理解上的难度，也促进学生更为快速地了解杜甫及该首古诗。同时，《登高》还承袭了自宋玉《九辩》以来中国古代文人悲秋的寂寥情怀，对拓展《登高》的文化内涵有着较为重要的意义。概而言之，通过这首《登高》的学习，以点带面地带领学生了解"登高诗"这一类古典诗歌传统题材及其文化意蕴，并结合"悲秋"情怀，提高学生对此类型诗歌的阅读与鉴赏能力，不断升华学生的个人情感认知。

四、体悟格律诗的审美特征

杜甫的《登高》作为"古今七言律第一",体现出了杜甫沉郁顿挫的语言风格。诗歌情景交融,前半写景,后半抒情,在写法上各有错综之精妙。像这样举重若轻、随意挥洒竟成恢宏之势的神来之笔,具有极高的文学审美价值。带领学生诵读作品、鉴赏作品,可以培养学生的审美趣味,提高学生对古典诗词的感受力、想象力、创造力、鉴赏力等。教师在教学中要借助多媒体,采用诵读、情境教学法等,引导学生在默读中体悟《登高》的情感美。

以上从传授民俗文化知识、认识作者杜甫、登高远眺的文化寓意、体悟格律诗的审美特征四个主要的方面做了教学的基本设想,接下来笔者将在教学设计及具体的教学中对此进行一一的体现与讲述。

第二节　教学设计

一、教学目标

(1)初步认识杜甫及其所取得的文学成就、在中国文学史上的地位。

(2)了解安史之乱及唐代社会状况,掌握该首古诗的基本背景。

(3)全面了解"登高诗"的文化意蕴,掌握借景抒情的表现方法。

(4)学会在鉴赏诗歌的过程中体会诗歌主旨内容。

(5)感受作者忧国忧民、心系天下的家国情怀,以及超越生存逆境、执着追求理想的坚定信念。

二、教学重、难点

重点：认知《登高》诗蕴含的传统文化精神，感悟杜甫的家国情怀。

难点：教学情境的设置，以及引导学生进入情境体悟主旨。

三、教学过程

（一）拉近距离，激活兴趣

师：同学们，你们知道杜甫是怎么去世的吗？他几岁结婚的？娶的哪家女孩？"饫（饱）死说""病死说""溺死说"，以及郭沫若所作《李白与杜甫》中提及杜甫死于食腐肉中毒，你们认为哪种说法更加合理？为什么认为这种说法更为合理？请大家在课后仔细查找资料，进行积极的学习与讨论，在下节课希望能给老师一个较为满意的答案。

明确：《杜君墓系铭》记录，杜甫30岁时与时年19岁的杨氏结为伉俪。杨氏卒后，杜甫在夔州与当地一少妇再婚，卒后继室尚健在。《旧唐书》和《新唐书》本传都认为杜甫死于吃牛肉、饮酒过度，也有的人认为杜甫是死于肺结核。杜甫的死因至今仍是谜，教师在阐述时可以如实地进行回答。

（设计意图：通过设置问题，为课程设置悬念，吸引学生的学习兴趣，激发学生探索的热情，并为学生留有课后探究目标，让学生知道该朝着哪一方面去学习和努力，自然有助于为下节课课堂教学的高效开展作铺垫。）

（二）创设情境，导入新课

笔者通过多媒体展示一幅图片，画面上：大风呼呼地吹，长江波涛汹涌，江边树叶簌簌地落下，万物凋零，只有几只孤鸟在盘旋，一个衣衫褴褛、身形佝偻的老人站在江边的山上，向远处眺望。同时，笔者还借助多媒体音频，播放一首比较悲怆的背景音乐，烘托教学的氛围，吸引学生的注意力，促进学生较快地投入到对该首古诗的学习之中。

师：同学们，通过这幅画面你看到了什么？感受到怎样的气氛？

生1：环境比较萧索，空气也比较凉。

生2：作者的心情一定很悲怆。

生3：眼前景即心中景，作者心情自然会很孤独。

明确：通过画面中所展示的一派萧索景象，我们明显可以感受到寂静、冷清、凄凉、压抑、沉闷的环境氛围。

师：（紧接着抛问）你觉得此时画面中的老人在想什么？他会有怎样的心情？

生4：老人的心情自然不是很好，肯定在想天气阴森，什么时候可以守得云开见月明呢？

生5：我们不能只分析表面的意思，还需要进一步地去深入研究。

生6：对，杜甫所处的时代正是安史之乱发生的时期，我们知道当时民不聊生、哀鸿遍野，杜甫或许在担心百姓的安危与国家社稷，他的心情肯定是沉闷的。

明确：老人或许是在感慨人生，或许是仕途不顺郁郁不得志，或许是担忧家国百姓，但是都能够体会到老人的心情一定是沉闷的、怅惘的。结合之前的学习，学生能够将环境和情感有效地联系起来，并且熟悉中国传统的悲秋情怀，因而这种体验不难理解。

（设计意图：通过多媒体图片、多媒体音频以及教师优美的教学语言，充分调动了学生的多种感官，将学生第一时间带入到诗歌的意境中，不仅有助于学生对诗歌整体情感的把握，也是一种审美感知教育，强化了学生对杜甫和《登高》的认知与理解，并且引导学生有效地联系了以往学习的内容，加深学生的情感体验。）

（三）诵读诗歌，初步感知

师：公元 767 年，这位白发苍苍、步入垂暮之年的老人在长江边上登高远望，心生无限感慨，于是填词作诗，写下了我们今天要学习的不朽诗篇——《登高》。那么，关于诗人笔下的环境和诗人的心情到底是不是大家猜测的那样呢？通过这节课的具体学习，我们一起来寻找最终的答案，希望大家在课堂可以认真听讲，和老师展开良性的互动，积极地投入对古诗的讨论与研究之中，让教学效率因你们而提升。

（设计意图：用问题激发学生的阅读兴趣和学习热情，因为问题和答案均不明确，所以给了学生开放的空间、充分的发挥机会，不局限学生思维、不限制学生的想象，大幅度地激发学生的求知欲望和主人翁意识）

师：这首诗基本没有生僻字和难以理解的字，相信大家也在课下进行了充分预习和讨论。现在请全体同学一起大声地来诵读杜甫的这首《登高》诗歌，在阅读中大家注意停顿和情感的抒发，当然也要注意一致性。

（接下来）全班齐诵，笔者对学生的朗诵提出点评，如部分学生在停顿上把握得不是很准确，教师要对此进行纠正；也有部分学生在语调上表现得不够好，笔者也要积极引导其纠正。之后，再次引导学生进行齐读。

（设计意图：通过集体朗诵，让学生初步融入这首古诗中，并学习一些句读停顿的知识，有助于学生接下来的整体感知。）

师：大家刚刚齐读了这首古诗，谁能说说，读完这首诗又给了你什么样的感觉？或者你读了这首诗之后都会想到什么（凄凉、痛苦、大气）？就像老师课前展示的图片一样，诗人登高远望，看见萧条的景象，又回想自己，才心生感慨，那么诗人在诗中都写了什么？为什么会写下如此苍凉苦痛的诗篇呢？

生 7：我个人感觉这首诗很有平仄感，有一种音律美，从整体上来看有一种萧索的气氛在里面，其他的还需要继续感知。

生 8：作为律诗，在对仗上较为公正，我们在朗读中的感受也比较深刻，从朗读后的第一感觉来说，觉得这首诗写得很开阔、很大气，可以用一感觉来说，觉得这首诗写整体。

生 9：我读完之后，感觉大气磅礴，一种悲怆的感觉涌入心怀，非常佩服诗人的这种胸襟。

明确：作者的这首诗具有很强的韵律感，描写得也比较大气和磅礴，视野也比较开阔，学生说的都比较正确。

（设计意图：初读诗歌，引导学生在分析中初步感知文本所描述的基本情感，让学生对律诗的韵律有一个初步的了解与感知，同时在思考和回答中开拓了学生的学习思路，激发了学生的讨论热情，有利于学生情感的升华。）

（四）介绍背景，知人论世

师：这首诗叫《登高》，我们可以想到，中国有一个节日表现登高的习俗，那么大家知道这是什么节日吗？

生（齐答）：重阳节。

师生交流。

1.重阳节的由来

重阳节，为每年的农历九月初九日，是中华民族的传统节日。《易经》中把"九"定为阳数，九月九日，两九相重，故曰"重阳"；因日与月皆逢九，故又称为"重九"。"九九归真，一元肇始"，古人认为九九重阳是吉祥的日子。古时，民间在重阳节有登高祈福、秋游赏菊、佩插茱萸及饮宴求寿等习俗。传承至今，又添加了敬老等内涵，于重阳之日享宴高会，感恩敬老。"登高赏秋"与"感恩敬老"是当今重阳节日活动的两大重要主题。据现存史料考证，重阳节的源头可追溯到远古时代。重阳节起始于远古，成型于春秋战国，普及于西汉，鼎盛于唐代以后。"重阳节"之名称记载，始见于三国时代；至魏晋时，节日气氛渐浓，有了赏菊、饮酒的习俗，常被文人墨客吟咏；到了唐代被列为国家认定的节日，此后历朝历代沿袭至今。重阳祭祖民俗相沿数千年，是一个具有深刻意义的古老民俗。重阳与除夕、清明、中元并称"中国传统四大祭祖节日"。重阳节在历史发展演变中杂糅多种民俗为一体，承载了丰富的文化与内涵。民俗观念中，"九"在数字中是最大数，有"长久、长寿"的含意，寄托着人们对老人健康长寿的祝福。1989年，农历九月初九日被定为"老人节"，倡导全社会树立尊老、敬老、爱老、助老的风气。2006年5月20日，重阳节被国务院列入首批国家级非物质文化遗产名录。

2.各地的重阳节习俗

（1）国内

安徽：铜陵市（原铜陵县）削竹马为戏。近年合肥热电还组织开展了重阳节慰问主题活动。

云南：近年云南昆明举办"我们的节日·重阳节"主题活动。

河北：香河县九月九日，有姻亲关系的家庭会互相送礼，称为"追节"。永平府以重阳的天气占未来晴雨，重阳节若下雨，这几个日子也都会下雨。典周县境内无山，县民多于重阳节上城楼登高。

港澳：在港澳人的习俗中，清明为"春祭"，重阳为"秋祭"。重阳登高祭祖的传统风俗延绵至今。在港澳地区，古老的重阳节，今已演变为一个多元化的节日。

广西：隆安县九月九日放任牛羊自行觅食，俗语有"九月九，牛羊各自守"。清明是春祭，重阳为秋祭。重阳拜山是岭南风俗之一，慎终追远、顾本思源的传统数千年来沿袭至今。

湖北：武昌区（原武昌县）于重阳日酿酒，据说此所酿之酒最为清洌，且久藏不坏。应城市（原应城县）重阳节是当地人们还愿的日期。

四川：旧时南溪县（现称南溪区）读书人于此日在龙腾山岑山楼聚会，纪念诗人岑参，称为"岑公会"。民间旧俗，重阳前后要以糯米蒸酒，制醪糟。俗话说："重阳蒸酒，香甜可口。"

福建：海澄县重阳节放风筝为戏，称为"风槎"。相传九月初九是妈祖羽化升天之日，乡民多到湄洲妈祖庙或港里的天后祖祠、宫庙祭祀，求得保佑。

海南：海南过重阳节有登高望远、插茱萸、送"重阳糕"、"赶山猫"、洗艾叶水等习俗。

广东：广州过重阳节，民众登白云山，赏秋、健身。吴川地过重阳节，享宴高会，摆敬老宴。怀集县过重阳节时男女老少倾城而出。连川重阳，童男童女皆至城外相聚答歌，州人围观。阳江市过重阳节放纸鸢，并系藤弓于纸鸢上，在半空中声音十分嘹亮。

江苏：重阳节，南京人家以五色纸凿成斜面形，连缀成旗，插于庭中。长洲县重阳节吃一种叫作"骆驼蹄"的面食。无锡市重阳节吃重阳糕、九品羹。

上海：上海豫园于重阳节办菊花会，以新巧、高贵、珍异三项评分定高下。近年上海市杨浦区开展"欢乐在重阳"敬老爱老系列活动。

浙江：绍兴府重阳节互相拜访。同时，也在重阳节绑粽子，互相馈赠，称为"重阳粽"。

江西：婺源县九月九日，篁岭举办晒秋节。婺源篁岭古村还保留着较好的"晒秋"生产生活现象，秋季有大量新鲜蔬菜瓜果需要晒干贮藏，形成了蔚为壮观的景象。

山东：昌邑北部人家于重阳节吃辣萝卜汤，有谚语道："喝了萝卜汤，全家不遭殃。"

陕西：陕西广大农村，重阳节这天，家家户户的门前，都插上青翠的茱萸，并且左邻右舍互相赠送。西乡县重阳节，亲友以菊花、菊糕相馈赠，士子以诗酒相赏。据说妇女此日以口采茱萸，可以治心疼。

山西：山西晋南地区自古就有九月九日登高的传统习惯。饱览大好河山，观仰名胜古迹，成为节日的盛举。至今还在民间传诵着"乾坤开胜概，我辈合登高""东风留不住，冉冉起峰头""九月欣新霁，三农庆有秋"等名言。

河南：2010 年中国民间文艺协会授予西峡县"中国重阳文化之乡"，并在西陕建立了全国唯一的"中国重阳文化研究中心"，每年农历九月九日，这里都会举办"中国·西陕重阳文化节"。

（2）国外

日本：日本的重阳节于平安时代由中国传入，平安朝的王公贵族每逢农历九月初九便在宫中举办赏菊宴。日本人还会在重阳节前一天晚上将棉布放在菊花上，待重阳节被露水打湿后来擦拭身体，以此祈求长寿。习俗活动主要有吃茄子，吃栗子饭祭菊。

韩国：韩国古代将重阳称为"重九"，从新罗时代就有在这一天登楼吟诗的习俗。到了高丽朝，九月初九的宴会甚至成为带有国家性质的习俗。习俗活动主要有吃花煎、花菜，玩花煎游戏，放风筝。

美国：美国旧金山是一个华人聚居的城市。每逢重阳佳节，花铺里就会有各种各样的菊花卖，有些糕点铺还会卖重阳糕。许多华人社团举行敬老宴，许多义工会去老人服务中心看望和帮助老人。

3.有关重阳节的诗词描述（见表5-1）

表5-1　有关重阳节的诗词描述

	历史朝代	诗词名称	作者
描述重阳节的诗词作品	唐代	《九月九日玄武山旅眺》	卢照邻
		《蜀中九日》	王勃
		《秋登兰山寄张五》	孟浩然
		《过故人庄》	孟浩然
		《九月十日即事》	李白
		《九月九日忆山东兄弟》	王维
		《登高》	杜甫
		《重阳席上赋白菊》	白居易
		《九日齐山登高》	杜牧
	宋代	《踏莎行·庚戌中秋后二夕带湖篆冈小酌》	辛弃疾
		《醉花阴·薄雾浓云愁永昼》	李清照
		《重阳》	文天祥
	元代	《沉醉东风·重九》	卢挚
	明清	《酬王处士九日见怀之作》	顾炎武
	近现代	《采桑子·重阳》	毛泽东
		《与杨府山涂村众老人宴会代祝词》	陈志岁

4.重阳节具体的活动

（1）祭祖

重阳节是中国传统四大祭祖节日之一，古代民间素有祭祖祈福的传统。随着历史的发展演变，不少地方家族观念和祭祖观念正日渐淡薄。古时重阳祭祖的传统习俗在岭南一带仍盛行，人们会在每年的重阳节举行祭祖活动。无论是祭祖活动还是登高远望，其最根本的作用是增强人们文化认同感，加强家族和社会的凝聚力。

（2）佩茱萸

古代风行九九插茱萸的习俗，所以又叫作"茱萸节"。茱萸是一种可以做中药的果实，因为出产于吴越地（今江浙一带）的茱萸质量最好，因而又叫"吴茱萸"。古人认为在重阳节这一天登山插茱萸可以驱虫去湿、逐风邪，于是便把茱萸佩戴在手臂上或磨碎放在香袋里，还有插在头上的。大多是妇女、儿童佩戴，有些地方男子也佩戴。茱萸入药，可制酒养身祛病。插茱萸和簪菊花在唐代就已经很普遍。茱萸香味浓，具有明目、醒脑、祛火、驱虫去湿、逐风邪的作用，并能消积食，治寒热。插茱萸等古俗则是民间登山祛风邪的行为，重阳节清气上扬，浊气下沉，人们用天然药物茱萸等调整身体，使其适应自然气候变化。

（3）赏菊

重阳日，历来就有赏菊花的风俗，所以古来又称"菊花节"。赏菊习俗源于菊文化。菊本是天然花卉，因其花色五彩缤纷且傲霜怒放而形成赏菊、赞菊的菊文化。农历九月俗称"菊月"，节日当天会举办菊花大会，全城人皆赴会赏菊。三国魏晋以来，重阳聚会饮酒、赏菊赋诗已成时尚。在中国古俗中，菊花象征长寿。菊是长寿之花，又作为"凌霜不屈"的象征。

（4）享宴求寿

重阳节的求寿之俗，最早见于汉代史料。汉代《西京杂记》中记载："九月九日，佩茱萸，食蓬饵，饮菊花酒，云令人长寿。"《荆楚岁时记》云："九月九日，四民并籍野饮宴。"隋杜公瞻注云："九月九日宴会，未知起于何代，然自驻至宋未改。"在祭天祭祖的基础上加入了求长寿及饮宴，构成了重阳节的基础。重阳时节的大型饮宴活动，其实是由先秦时庆丰收祭祀宴饮发展而来。

（5）吃重阳糕

据史料记载，重阳糕又称"花糕""菊糕""五色糕"，制无定法，较为随意。九月九日天明时，以片糕搭儿女头额，口中念念有词，祝愿子女百事俱高，乃古人九月作糕的本意。讲究的重阳糕要作成九层，像座宝塔，上面还作成两只小羊，以符合重阳（羊）之义。有的还在重阳糕上插一小红纸旗（代替茱萸），并点蜡烛灯。这大概是用"点灯""吃糕"代替"登高"的意思。当今的重阳糕，仍无固定品种，各地在重阳节吃的松软糕类都称之为重阳糕。

（6）饮菊花酒

由于菊的独特品性，其成为生命力的象征。菊花含有养生成分，晋代葛洪《抱朴子》中有南阳山中人家饮用遍生菊花的甘谷水而益寿的记载。重阳佳节饮菊花酒，是中国的传统习俗。菊花酒，在古代被看成是重阳必饮、祛灾祈福的"吉祥酒"。菊花酒是药酒，味道微微有一点苦，饮后可使人明目醒脑，而且具有祛灾祈福的吉祥寓意。菊花酒在汉代已见，其后仍有赠菊祝寿和采菊酿酒的故事，如魏文帝曹丕曾在重阳日赠菊给钟繇（祝他长寿），梁简文帝《采菊篇》有"相呼提筐采菊珠，朝起露湿沾罗襦"之句，是采菊酿酒的事例。直到明清，菊花酒仍然盛行，在明代高濂的《遵生八笺》中仍有记载，是盛行的健身饮料。

（设计意图：用对话教学，通过全面地介绍重阳节的由来、各地重阳节的习俗、有关重阳节的诗词描述、重阳节的具体描述等，让学生对重阳节有了较为全面的认知与理解，并在师生交流中加深了学生对中国传统民俗文化的了解，强化了学生的民族文化认同感和归属感，有助于学生语文综合能力和综合素养的全面提升。）

师：刚才同学们说到了"茱萸""菊花"，老师听着觉得怎么那么熟悉呢？刚才我们探究有关重阳节的诗词描述中，有没有一首古诗是我们非常熟悉的？

生10：《九月九日忆山东兄弟》

笔者借助多媒体展示：

九月九日忆山东兄弟

王维

独在异乡为异客，每逢佳节倍思亲。

遥知兄弟登高处，遍插茱萸少一人。

笔者引导学生进行齐声朗读（延伸拓展学习）。

师：重阳节有登高的习俗，这是中华民族的一种古老习俗，经常以登高远眺寄托漂泊者的思乡怀人之情，于是就有了借景抒情诗。我们在上面的讨论中已经对此有了详细的了解，那么大家还知道有哪些登高抒怀的古诗词吗？谁能举例子说一些呢？

生11：我知道的有曹操的《观沧海》、杜甫的《春望》和《望岳》、林升的《题临安邸》。

生12：我知道的有王安石的《登飞来峰》、李白的《望庐山瀑布》、韦应物的《登楼寄王卿》。

生13：我就知道李白的两首登高诗《独坐敬亭山》《登金陵凤凰台》。

明确：曹操的《观沧海》、陈子昂的《登幽州台歌》、崔颢的《黄鹤楼》、王安石的《登飞来峰》等，这些文人登上亭台楼阁或高山叠嶂之处，寻找开阔的视野，可以眺望远方，可以看到平时看不到的滚滚江水、无边落木或山岛竦峙，可以暂时消弭物我界限，与自然浑融而进入天地至高境界。当人心胸开阔到如此境界时，就会具有"不以物喜，不以己悲"的人生态度，能够超越自我的局限，把自己的生命融入集体之中，就会对于国家、社会、自然怀有博大仁爱之心，此时吟诗作赋，就会具有大格局、大气度，在诗歌领域形成了我国古典诗歌的一个传统题材——登高诗。登高诗，不是单纯地写景，往往托物言志、观物反思，所思的内容都不是一己之私情，而是忧国之兴衰、伤时之治乱，或思亲怀乡。即使抒发自己的坎坷经历，也会给予读者以人生启迪、哲理思考，体现出诗人高尚的情怀和优秀的精神品质。《登高》即是我国古代传统登高诗的代表。

（设计意图：引导学生进行积极的拓展学习，全面加强了新旧知识的联系，让学生有效地了解登高的习俗，深入掌握"登高"诗的文化内涵，有助于学生对传统文化中"登高"类型古诗的整体理解。）

师：关于这首诗歌的创作背景，大家预习的时候也有准备吧？那么，现在谁来与大家分享一下你的预习成果呢？我期待看到大家较为完整的答案。

学生14：此诗作于唐代宗大历二年（767年）秋天，杜甫时在夔州。这是五十五岁的老诗人在极端困窘的情况下写成的。当时安史之乱已经结束四年了，但地方军阀又乘时而起，相互争夺地盘。杜甫本入严武幕府，依托严武。不久严武病逝，杜甫失去依靠，只好离开经营了五六年的成都草堂，买舟南下。本想直达夔门，却因病魔缠身，在云安待了几个月后才到夔州。如不是当地都督的照顾，他也不可能在此一住就是三个年头。而就在这三年里，他的生活依然很困苦，身体也非常不好。一天他独自登上夔州白帝城外的高台，登高临眺，百感交集。望中所见，激起意中所触萧瑟的秋江景色，引发了他身世飘零的感慨，渗入了他老病孤愁的悲哀。于是，就有了这首被誉为"七律之冠"的《登高》。

学生15：这首诗作于唐代宗大历二年（767）秋。当时安史之乱已经基本结束，但各地的形式又有了新的变化，使得民不聊生、民怨沸腾，而当时的杜甫已经五十五岁，生活困窘，病魔缠身，其所依靠的严武去世，于是南下夔州。这首诗通过诗人登高的所见、所闻、所感，描绘了大江边的深秋景象，抒发了诗人对艰难身世的感慨。意境深沉，含蓄不尽；慷慨激越，动人心弦。

学生16：我的看法跟学生14基本一致，没有多余的补充。

之后，笔者向学生概括性地讲述"安史之乱"，并归纳出"安史之乱"是唐朝由盛转衰的转折点及"安史之乱"对当时唐朝社会的深远影响，让学生对这个大的历史背景有一个初步的了解。

通过学生介绍的这首诗歌的写作背景，笔者进一步地引导学生思考：杜甫写《登高》时几岁了？家庭、身体状况如何？学生作答后，教师进行明确，主要有以下三点。

第一，国家现状。《春望》："国破山河在，城春草木深。"杜甫创作《登高》的时候（公元767年）安史之乱已经结束了四年，但地方军阀趁势而起，战乱频仍，民不聊生。深受儒家民本思想影响的杜甫，时时心系国家，处处挂念百姓，不觉忧从中来、感怀生悲，充分体现了作何忧国忧民的情怀。

第二，身体状况。《九日五首》（其一）："重阳独酌杯中酒，抱病起登江上台。"《登高》创作于杜甫去世前三年，杜甫晚年多病缠身，在他给友人写的诗中可以看出，晚年的杜甫患有我们现代人说的疟疾、糖尿病、肺结核等多种在古代看来已经十分严重的疾病，十分痛苦，从这个角度看，"病死说"有一定的道理，起码多病是间接原因，这说明了作者的身体已经"垂垂老矣"。

第三，生活经历。《登岳阳楼》："亲朋无一字，老病有孤舟。"杜甫在这期间漂泊西南，客居他乡，孤苦无依。这样的生活状态，换作任何一个人都会感伤人生，况且作者平生壮志难酬，自然会郁结难解，这种情景更加重了作者内心的悲郁，可以说"斯人独憔悴"。

（设计意图：通过学生的介绍、教师总结性补充，利用多重文本，带领学生知人论世，真正深入诗人、深入时代、深入文本，从整体上全面把握了这首诗的时代背景和作者当时的悲惨境况，有利于引起学生的共鸣，升华他们的情感体验。）

（五）精读诗歌，欣赏语言，析出主旨内容

通过了解《登高》这首诗的背景和知人论世，学生对作品会有更深的理解，教师针对诗歌的语言和情感特点进行诵读指导，然后找出男女生各一名，依次在班级进行有感情的诵读。这个过程，笔者根据课堂当时学生的诵读情况进行点评和指导，并进行示范性朗读，让学生点评。然后，给学生时间，学生自由诵读。诵读之前抛出问题："这首诗每一联分别写了什么？试着用散文化的语言翻译这首诗歌。"

生17：我先来翻译一下这首古诗："风呼呼地刮着，天空开阔无比，猿猴啼叫显得格外悲哀，水清沙白的河洲上有不少的鸟儿在盘旋，使得人的心绪更加烦乱；远远望去无边无尽的树木的叶子萧萧地飘落，那无边无际的长江滚滚奔腾而来；今日独上高台，面对着萧森的秋景，自己飘无居所，常年为客，一生当中疾病缠身，不禁感慨万千；历尽了艰难困苦，白发长满了双鬓，衰颓满心偏又暂停了浇愁的酒杯。"

生18：我解释一些主要的生词："落木"，指秋天飘落的树叶；"萧萧"，模拟草木飘落的声音；"渚（zhǔ）"，水中的小洲或者水中的小块陆地；"潦倒"，衰颓，失意，这里指衰老多病，志不得伸；"新停"，刚刚停止。

生10：我说一下里面所包含的景物，主要有"风、天、猿、渚、沙、鸟、落木、长江"等事物。

（设计意图：利用多种诵读形式，让学生在准确地感受，深刻地走进这首古诗，领略不一样的情感体验，有效发挥学生主体性，增加学生的主观意识，让学生身处诗歌意境，加深对文本主旨的理解。同时，通过问题设置和学生的积极回答，有效带动了学生在课堂上的参与性，让学生进步一步理解了《登高》这首诗，全面提升课堂的教学效率和教学质量。）

1.分析前两联

师：刚才同学们对这首诗有了整体的理解，现在我们具体地来展开对这首诗的分析和解读。从内容上看，诗歌前两联写景，后两联抒情，我们先看前两联，诗人的写景都写了哪些意象？刚才有一位学生已经说出来了，这些景物分别是"风、天、猿、渚、沙、鸟、落木、长江"。

师：诗人笔下的意象都具有什么样的特点？营造了什么样的意境？诗人写景只是单纯地写景吗？

笔者带领学生学习诗歌的前两联，诗歌中的意象是这样刻画的：

风（急）天（高）猿啸（哀），渚（清）沙（白）鸟（飞回）。

（无边）落木（萧萧下），（不尽）长江（滚滚来）。

这些意象似乎都具有一种秋天的凄凉和衰败感，营造了一种孤独无助、苍凉悲哀的气氛，但无论是韵律，还是"天高""渚清"的背景，都给读者一个悲凉壮阔的天地背景，用来寄托作者厚重而深邃的情感，还有诸多生命的抗争呐喊。笔者引导学生将其和李清照"凄凄惨惨戚戚"的境界进行对比，体会这种情境浑融大格局的悲壮美。

诗歌第一联从小处开始刻画，悲哀的猿啸声就像诗人心底的声音，孤独的飞鸟，又何尝不是诗人自己真实的写照？四处漂泊，不知何去何从。我国古典诗歌中常以

"飞鸟"意象蕴含漂泊之意，杜甫在"飘飘何所似，天地一沙鸥"中所用的"沙鸥"也有异曲同工之妙，阮籍、曹丕等也都常用飞鸟的意象来表现自己的情怀。诗歌第二联又从大处落笔，由"落木"联想到晚年的人生，由"长江"想到时间的滚滚长河，用"木"叶生命的短暂，来对比长江流水的永恒，这是感慨时光如流水，生命短暂，但那"萧萧下""滚滚来"畅快淋漓的节奏，总给人坦荡面对生死的感觉，奠定全诗"哀而不伤"的感情基调，这也是这首诗最为出彩的地方，足以看出杜甫深厚的文学功底和敢于面对一切的胸怀。

（设计意图：通过分析诗歌中的意象，引导学生全面地了解我国古代文学的意象文化，深刻感受该诗歌意境，细细品味诗歌的语言，有助于提升学生的传统文化积累及人文综合素养。）

2.分析第三联解决教材"研讨与练习"第三题，分析诗歌第三联的"八层"悲

这一联，是围绕"悲"来写的，一般学生能够理解到诗人年老多病又正值社会动荡不安所以感受到悲凉这层含义，教师要引导学生由浅入深、逐层解开杜甫悲哀之因。

一层：悲他乡之客居。"身在异乡为异客，每逢佳节倍思亲。"安土重迁的中华民族，有着浓厚的思乡情结，作者客居他乡不免会有思家、思归的情绪，这是第一层含义。

二层：悲万里他乡之客居。"万里""百年"将客居之悲凉在时空上给予扩大，说明作者离家之远、离家时间之长，进而可以解读出作者归家无望的现实，作者之悲难免再加一层，此乃第二层含义。

三层：悲游子之漂泊。为了生存与发展，中国古代文人经常行走在"游学"与"游宦"的路上，被统称为"游子"，漂泊无依，前途未卜，却也坚定执着，积淀

成"游子情结"，并形成又一诗歌题材，这是第三层的悲。

四层：悲季节之秋。自宋玉赋《九辩》以来，"悲秋"便成为古代文人永恒的主题，杜甫《秋兴八首》是"悲秋"的代表作，作者在这种萧杀的秋天触景伤怀，自然会悲上加悲，这是第四层的悲。

五层：悲垂暮之年老。垂暮年老总是与壮志难酬相合一，作者想着自己已经进入垂暮之年，仍然不能实现自己的壮志情怀，自然悲从中来，这是杜甫内心深处的悲哀，此乃第五层的悲。

六层：悲多病之身躯。生命即逝，各种病魔缠身，一事无成的慨叹，这是第六层的悲。

七层：悲登高远眺之萧然，作者登上高楼，远目四望，对比着长江的绵延不绝、川流不息，遥想着自己的处境，悲再也无法抑制，只能徒增伤感，这是第七层的悲。

八层：悲亲朋亡散之孤苦。家破人亡、国衰民苦，层层递进，将杜甫内心之悲表现得淋漓尽致，还应读者隐含之悲——悲时世之艰，生民涂炭，此乃第八层的悲。

一首诗中蕴含着这么多的悲，这在古诗中是不多见的，而作者却能将这些悲不着痕迹地融入第三联中，这种浑然天成的写法，很少有人可以超越，值得我们敬佩。

（设计意图：通过逐句逐字地分析文章中的悲，引导学生较为深入地学习第三联，全面了解作者的悲，深刻感受作者杜甫的深厚文学功底，提升学生对该首古诗的认知与理解）

3.分析第四联

最后一联，是诗情的结尾。杜甫喜欢用展开自己愁绪翻卷的心灵世界，营造一个言近意远的想象空间，余味无穷，促人思考，扩大诗意表达效果，《登高》就是典型。山河破碎，风雨飘摇，垂老多病，人生坎坷，两鬓白发新增，穷困潦倒，浊酒已停，种种愁绪汇集一起，集聚尾联，撞击出壮阔沉雄的悲歌，虽写悲情，却激人奋发而不沉沦，让人久久不能忘怀。

这首诗由哀景写哀情，引导学生把思考点落在杜甫超越个人八层之悲，而把"悲情"的重点放在忧时、忧国、忧民上。全诗将个人之悲融入天地境界与流畅的节奏之中，让读者在感受杜甫个人之悲的同时，更能感悟到诗圣高尚的情怀、壮阔的胸襟与悲壮的情感美。再引用《茅屋为秋风所破歌》验证杜甫的伟大之处，点名前面"萧瑟秋景"与个人"八悲"都是为最后两句铺垫的，突出杜甫"诗圣"的内涵与价值——超越个体之悲，心系百姓之忧、国家之危！教师在此可以引入宋代张载的名言："为天地立心，为生民立命，为往圣继绝学，为万世开太平。"指明杜甫用实际行为践行了张载的人生信仰。在分析诗歌语言时，边诵读，边解读，强化诵读和主旨理解。

（设计意图：从细节入手，全面了解中国传统诗酒文化，提升学生对传统文化的认知与理解，并从诗人之悲中感受诗人之精神品质，有利于培养和塑造学生良好的人格与品格。）

（六）深化情感，涵养精神

师：中国古代文士常以"穷则独善其身，达则兼济天下"为行事准则，但是结合这几课时的学习，我们可以发现，《秋兴八首》《咏怀古迹》和《登高》是杜甫同一时期的作品，无论是反映其忧国忧民还是壮志难酬，都能看出杜甫是那种自身艰难困苦之时还心系国家的人。杜甫也没能如大多诗人词客"以顺处逆"，而是正视现实，执着品味人生苦难，与百姓感同身受，又能有所超越。一提到杜甫，就会想到他是一位伟大的爱国诗人，因为他有忧国忧民、悲天悯人的大情怀，始终苦人民之所苦，急国家之所急。杜甫的伟大就在于能超越个人的情感，而"先天下之忧而忧"，亦即爱国爱民，这是杜甫坚守儒家仁爱哲学思想所致。仁爱孝悌是中华民族十大传统美德之首位，爱国情怀、社会责任与品格修养是《基础教育课程改革纲要》的教育指向，这些都在杜甫《登高》诗中表现得淋漓尽致。让我们再一次感受一遍这首诗，全班齐诵。

（设计意图：以总结性的话语对杜甫及其作品做全面概述，引导学生全面了解了中国传统文化的精神内涵和深刻意蕴，同时结合整篇课文的三个作品，可以进一步地了解诗人的精神，涵养自身精神品质。）

（七）开展评价，查漏补缺

待基本授课完毕后，高中语文教师要积极组织学生开展多元化多主体的教学评价，让学生在多元化、多主体的教学评价中积极地全面查找自身在课堂传统文化学习中存在的薄弱环节，积极补足这些存在的漏洞，有效巩固学生在语文课堂进行传统文化学习的效果。

第一，教师要积极引导学生进行充分的自我评价，如学生 A 称，其在课堂对于《登高》的创作背景、作者杜甫的生平、古诗的意境、基本特点等内容有了全面的认知与理解，也学习了许多关于中国传统的文化知识，在课堂上能较为专注地投入到对这首古诗的学习之中，对自己在课堂上的表现也还算满意，但在对古诗进行具体的语言分析时有一些主要的字词还是理解得不到位，需要继续就这些内容进行全面的学习与认知。又如，学生 B 称，其在课堂对于我国的传统节日——重阳节有了全面的了解，以前对于重阳节只是初步了解，只知道在重阳节时要登高，现在发现重阳节是一个蛮有趣的节日，还可以饮菊花酒、祈福，这是自己的收获，但不足之处是自己在学习时有时会走神，在一定程度上影响了学习的效果，需要积极改进。

第二，教师要积极组织学生进行两两互评，同时让学生在互评中注意用词的委婉性，在保证不伤害对方自尊心的前提下指出对方在课堂的学习中存在的问题，开展有针对性的互相评价，如学生 B 评价学生 A 称，A 同学在课堂的学习中能认真听讲，并能积极帮助同学，有效地和教师进行互动，而且学习的效果也是非常不错的，另外，其对于传统文化的了解还是蛮多的，这些都值得我们大家学习，但是该同学有时会在讨论中说一些与课堂学习无关的话题，像在讨论重阳节的时候，该同学竟然说起了玄幻小说，这一点我觉得需要改正。又如，学生 A 评价学生 B 说，B 同学在课堂上对于传统文化知识内容比较感兴趣，也能认真听老师讲课，但在学习一些基本的语言知识中总是会出现理解性的错误，在翻译古诗时也会出现偏差，这是需要强化的。

第三，语文教师要给予学生总结性的评价，在评价中要结合学生的自我评价和互相评价，进行概括性的评价。如对于 A 同学能基本掌握《登高》这首古诗的相关内容，如创作的背景、古诗的特点等表示满意，对于其能在课堂认真听讲，并积极帮助同学给予赞赏，希望该同学能继续完善自我、提升自我，而对于该同学在解析古诗内容的学习中存在的问题给予分析和解决，并鼓励该同学要积极向优秀的学生请教与学习，不断突破自身在课堂学习的瓶颈环节，补足其在课堂学习的短板和薄弱环节，促进该同学能更好地学习与掌握传统文化知识内容，让学生在多元化多主体的教学评价中不断地提升自我，取得更大的进步与发展。

总而言之，教师在基本的教学结束后，要积极引导学生开展多元化、多主体的教学评价，让学生进行自我评价、互相评价，有效带动高中学生在语文课堂中的参与性和积极性，激发他们的主人翁意识，有效发挥其主观能动性，提升教学评价的科学性与合理性，让课堂传统文化的教育效率和教育质量有一个明显的提升，促进学生更好地学习与进步。

（八）课后作业，巩固提高

（1）背诵、默写《登高》。

（2）查找"登高诗"都有哪些。体会作者爱国悯人的人文情怀，以及壮阔沉雄的襟怀。

（3）以"登高"为题，写一篇不少于800字的作文。

（4）对课堂渗透的传统文化知识内容进行整理和归纳，并利用课余时间进行识记。

第三节　教学反思

《登高》这一课，是笔者根据前文提出的传统文化视野下的高中古诗词教学策略设计的教学内容，在笔者教育实习期间曾在两个高一班级进行过试讲，在教学过程中暴露过一些问题，前文呈现的是完善过后的教学设计。笔者认为，本课体现了高中古诗词教学的特点和要求，并且尝试利用了古诗词课堂对学生进行了中华民族优秀传统文化教育，也在教学设计中合理运用前文提出的策略，这是值得学习与借鉴的地方，但依然存在着较多的问题，以下分别就教学中值得肯定的地方和教学中的不足之处进行分析和总结。

一、教学中值得借鉴的地方

本课导入环节，首先用诗人杜甫的经历和有待考察的死亡原因，吸引学生的学习兴趣，再创设诗歌的画面情境，能够在学生感知作品之前将学生第一时间带入诗歌的意境之中。笔者引导学生结合认知经验，体会意境和人物的感情，但又不强加给学生思维定式，避免限制学生的想象力与创新力，而是将问题带入接下来对作品的学习过程中。带着疑问与猜测进行学习，学生当时参与讨论的兴致很高，这样的提问不仅不会扼杀学生的想象力和表达力，还可以激发学生的学习兴趣。分析诗歌语言的环节，笔者引导学生用语言描绘出诗人笔下的意象，体会诗人营造出来的意境，学生当时的语言较为苍白，表现力不够，所以通过教师的引导，让学生更好地感受到了诗人用语的精妙和诗歌的沉郁顿挫。并且，笔者在课堂上发现，学生对于诗歌意象与意境的文学理论缺乏了解，便在延伸拓展教学中及时添补，不仅能够促进学生对传统文化的默会性认知与认同，更能帮助学生在诗歌意境中完成审美感知教育。

本课的介绍作品环节，因为从学生的课堂反应中发现只有个别学生能够了解重阳节，因此在这个环节中，笔者采用和学生闲聊的方式，从传统文化的角度加深对重阳节的来历以及相关习俗的了解。接着，由于《登高》属于我国传统"登高诗"的代表，课堂中发现，学生没有"登高诗"的概念与组织意识，更对这类诗缺乏文化解读。因此，笔者巧妙地将重阳节与登高诗联系起来，并联系学生以往的学习内容，介绍了我国这一传统诗体及其丰富的文化内涵。对作家和写作背景的介绍，学生已经进行了预习，但是总结、提炼、概括的能力还不够，需要教师的协助。同时，笔者通过选取诗人该阶段其他相关作品，作为延展阅读训练，让学生不再进行单一文本的学习。纵向可以真正深入诗人、深入时代、深入文本，横向可以群读相似作品，整体把握相关议题，以便举一反三，提高自主学习能力。再如，对诗歌第四联的分析，涉及了中国传统的诗酒文化，学生熟悉之前学习的作品，却对类似的文化现象没有认识，因此在类似环节应加强引导。深化主题环节，涉及了中国传统文化中的精神文化内涵，这些都对学生进行了良好的传统文化教育，有助于学生形成良好的人文素养。

本课在诵读环节采用了班级齐读、学生个别读、教师范读、学生自由朗读的多种形式，并且辅以教师提问、教师诵读指导、学生互评以及诵读情境营造等。通过多种形式的诵读，不仅可以发挥学生的主体性，让学生广泛地参与其中，并且可以让学生身处诗歌意境，涵养诗人的精神品质。但是课堂中发现，学生诵读水平参差不齐，普遍不能够高质量地诵读。诵读能力不是一朝一夕养成的，还需要教师关注平时的诵读指导、诵读环境的营造，因此基础教育语文教师责无旁贷。本课特别注重延伸拓展，课堂教学中发现学生古诗词积累量仍偏少，文化素养不够，所以教师以后还是要关注这方面的引导，古诗词课堂上要在已有的教学内容中挖掘出更多的传统文化内涵，既能丰富教学内容也能提高古诗词课堂的文化性。

另外，本书中综合采用了多样化的教学方法，例如，在课堂导入环节，运用多媒体图片对《登高》这首诗整体的画面进行了形象和具体的展示，同时借助背景音乐烘托了一种悲怆的环境氛围，让学生在极富渲染力的图片画面和契合主题的背景音乐下，产生一种身临其境的感觉，让他们较为快速地投入到对《登高》古诗的学习之中，并提升了学生的情感体验，有助于学生在课堂上对传统文化的学习。又如，笔者将"提问"融入课堂传统文化教育中的每一个环节，像在古诗的翻译中、作者身世及古诗创作背景的学习中，笔者都通过积极的提问带动了高中学生在传统文化学习中的参与性和积极性，让他们在和师生的互动中更加深入地学习、了解与掌握了传统文化知识内容，同时通过提问也了解了学生的传统文化知识储备情况、学生对于传统文化的认知度，以及学生对于传统文化知识内容的个人态度，为后续更好地开展教学打好了坚实的基础。再如，在探究重阳节文化中，笔者采用了讨论交流的方式组织学生对重阳节的来源、各地的重阳节习俗、重阳节的具体活动及包含有关重阳节的诗词等内容进行了全面讨论与学习，这无疑大大地拓展了学生的传统文化学习视野和传统学习文化空间，让学生在讨论与交流中更加深入地学习与掌握传统文化知识，促进课堂教学效率的提升。这些多样化方法的采用，有效克服了以往课堂教学中"口授法"教学的种种弊端，大大地提升了学生在课堂的主体性和参与性，给予学生一种浓浓的新鲜感，自然有助于学生更好地开展传统文化学习。

二、教学中存在的不足之处

当然，由于笔者缺乏教学经验，在传统文化领域的研究也不够深入，使得课堂教学中还存在着一些较为明显的不足之处。笔者经过反复的思考和归纳，总结出以下两点不足之处，将在日后进一步完善。

（一）传统文化教授中知识量过大

1. 教学描述

在教学中虽然主要围绕着传授民俗文化知识、认识作者杜甫、登高远眺的文化寓意、体悟格律诗的审美特征四个方面来展开设计的，虽然主题内容一共四点，不算是很多，但是在实际的设计中过于注重对传统文化知识内容的拓展和延伸。例如，在讲解重阳节时，笔者引导学生对重阳节的由来、各地的重阳节习俗、重阳节的具体活动、包含重阳节的诗词等传统文化内容进行了广泛拓展，原先计划用时 10 分钟，后来由于学生反响热烈，参与的积极性也比较高，导致在用时上远远超出了规划，使得后续的教学受到了影响。又如，在介绍酒文化和登高诗时，也花费了大量的课堂时间，虽然取得了不错的教学效果，有效地拓展了学生的传统文化学习视野，有助于提升其语文综合能力，但却导致在教学中所花费的时间远远超出往常教学内容所用的时间，延长了课堂的用时，也影响了教学进度，这是笔者所始料未及的。

2. 教学反思

导致教学用时过长的原因，笔者总结了以下两点：其一，急于求成。在教学中，笔者原想尽可能多地讲授《登高》这首古诗中所蕴含的传统文化因素，以快速提升学生的传统文化素养和语文综合能力，这种想法的出发点是好的，但操之过急，违背了高中学生的认知特点，超出了高中学生的认知能力，得不偿失。其二，侧重点不足。在本教学设计中，笔者在"尽可能多的进行传统文化教育"理念的支撑下，开展了教学设计，在拓展和教授中使得课堂的每一个环节都包含"传统文化教育因素"，但是一来量过于大，二来时间较为仓促，三来侧重点也不突出，导致学生只是对这些知识内容"浅尝而止"，使得课堂传统文化的教授效果打了折扣。

通过以上分析，我们知道了这次的实际教学中主要存在着耗时过长的问题，而造成这种现象的原因，主要是教学理念有偏差、急于求成、侧重点不突出，因而在改进中也要对此进行完善，总结有以下三点：其一，树立正确的传统文化教育理念。在进行传统文化教育中有长远的规划，分阶段地开展传统文化教育，不能一味地追求传统文化教育的"量"，更应全盘地考虑和规划，只有在正确的传统文化教育理念的支撑下才能更好地开展传统文化教育，促进学生健康地发展和提升。其二，要有耐心，不能急于求成。在进行传统文化教育时，教师不能"拔苗助长"，让学生

"一口吃成一个胖子"，这显然是不符合客观规律的，教师要积极结合学生的认知特点、教学的基本内容及其中所蕴含的传统文化元素，进行合理的教育，要一步一个脚印，虽然在短时间内学生的传统文化素养不会有太显著的提升，但是对于学生的未来肯定是有很大的帮助和促进作用的，只有这样才能促进学生循序渐进地发展和螺旋式地提升，教师要对此有较为深刻的认知与理解。其三，要有侧重点地进行传统文化教育。教师在高中语文课堂教学中开展传统文化教育时要有侧重点，要围绕着一个明确的主题来写，不能"胡子眉毛一把抓"。例如，在本教学设计中笔者同时介绍了酒文化、重阳节文化、登高诗等，围绕着一个主题是对的，但是量过于大，正确的方法应该是选择酒文化、重阳节文化、登高诗三个主题中的一个进行深入的挖掘。当然，有时教师可以对某类传统文化进行简要的讲解，但要合理地把控时间，只有这样才能更好地进行传统文化教育，不断提升课堂传统文化教育的效率和质量。

（二）课堂师生互动效果不好

1. 教学描述

在这次的实际教学中，首先，笔者发现在课堂教学中自己和学生的互动效果不是很好，在课堂往往以教师的提问为主，然后随机提问三个学生进行回答，这种被动式的提问虽然也在很大程度上带动了学生的积极性，但是终究还是不如让学生主动地回答好；其次，在教学中没有留给学生更多的时间来思考，学生往往刚刚产生一点思路，教师便给予明确的答案，这样在一定程度上影响到学生的思维的拓展和提升，使得课堂的教学效果打了折扣，需要进行反思；最后，提问中的时间把握也不是很好，像在《登高》写作背景的分析中，没有较好地把握时机，使得学生回答的效果不是很好。

2. 教学反思

针对教学中存在的师生互动效果不好的情况，笔者进行了深入的反思，主要就以上的问题提出了以下四点解决办法。

第一，统筹安排课堂的师生互动。教师要在教学之前做好师生互动的准备，并预先在教学设计中进行师生互动的安排，同时也要积极引导学生在预习中做好同教师互动交流的准备。例如，自己在学习中对于哪些传统文化理解得不到位？需要在什么和教师进行交流等。当然，预设并不是必然发生的，教学过程往往是千变万化的，但是必要的预案设置还是要有的。

第二，教师要让学生变"被动"为"主动"。例如，教师可以在教学中开展小组合作学习，让每个小组进行竞争，像哪个小组回答问题积极、正确率高，哪个小组就是该节课的冠军，并给予一定的精神与物质奖励，唤醒学生在课堂上的主人翁意识，全面提升学生的积极主动性，促进语文课堂学习氛围的浓厚，让学生更好地进行传统文化的学习。

第三，教师要懂得"留白"。教师在提问中要给予学生一定的思考和反馈的时间，不能急着说出标准的答案，而要积极给予引导和启发，让学生"思考"起来。这样的话，一是可以加深学生对问题的深入理解，二是所组织的语言也会相对较好，三是具体的回答内容也会相对接近真实的答案。

第四，教师要把握好提问的时间。其一，兴趣点提问。所谓兴趣点，就是能够激发学生学习兴趣，促进学生思考理解的知识点，抓住兴趣点提问，可以激发学生的求知欲望，发挥非智力因素对教学的促进作用。其二，抓住疑难点提问。抓住疑难点提问是指教师在课堂教学中，抓住知识的难点和学生的疑点设计的提问。这样的提问，既可化难为易，又可以打开学生思路。其三，抓住发散点提问，抓住发散点提问是指教师在教学中要充分发掘教材因素，抓住教材中最能引起发散思维的发散点设问，进行发散思维训练，这对引导学生深入理解课文内容，培养学生的创造能力有着重要的作用。其四，抓住关键点提问。抓住关键点提问是指教师在课堂教学中，对全篇课文的理解有着重要作用的地方或学生不易理解的某些关键字、句、段落设计的提问。抓住这些内容提问，往往可以牵一发而动全身，对理解课文，体会感情有事半功倍的效果。其五，抓住矛盾点提问。抓住矛盾点提问是指教师在课堂教学中，抓住一对矛盾或抓住一个现象来提问，使讨论的中心向新课方向逼近。其六，抓住变化点提问。抓住变化点提问是指教师在课堂教学中，根据内容的变化设计的提问。其七，抓住细节点提问。文章的细节，像藏在绿叶丛中的花朵，拨开绿叶，显露花朵，则会色彩纷呈，别开生面，因而教师抓住细节点提问，不仅可以提高学生的学习兴趣，而且能细化学生的知识结构体系。其八，抓住聚合点提问。抓住聚合点提问是指教师在课堂教学中，抓住集中反映课文的中心思想或者是大家关心的热点问题，围绕聚合点而设计的提问。教师可以抓住一点，提挈全文，保证教学的整体性。其九，抓住模糊点提问。由于学生欣赏能力的限制，他们对课文内容的理解往往带有片面性。在课堂教学中，教师根据反馈信息准确地捕捉学生认识上的模糊点，提问引思，可以有效地引导学生正确理解课文内容。其十，抓住"空白"点提问。空白点是指在教材中，对某些内容故意不写或一笔带过，在叙述描写上留有余地，制造"空白"。这些"空白"为学生提供了想象的空间和思考的余地。教师在教学时如能抓住"空白"点，巧妙地设问就能使学生借助教材中提到的内容来推测构想没有提到或写得简略的内容，把"空白"补充出来，加深理解。

总而言之，在实际的教学中由于受到各方面因素的影响，如笔者的教学能力、课堂的驾驭能力不够强，传统文化知识储备不足，这会导致教学存在很大的问题。而该教学设计是在克服这些突出问题的基础上，经过多次修订和完善之后才形成的，所以具有一定的学习与借鉴意义，广大教师不妨以此为模板，并积极结合本年级的教学实际来在高中语文课堂中开展传统文化教育，不断提升课堂传统文化教育的效率和质量，促进高中学生的全面发展和进步。

参考文献

[1]陈艺文,王永宏.新课标视野下高中语文课堂之传统文化占位研究[J].经济师,2019(02): 180-181.

[2]陈志萍.以核心素养为导向找准高中语文教学方向[J].中学课程资源,2019(01):42-43.

[3]曹绍玮.谈学习传统文化对高中生内在修养的影响[J].中国校外教育,2019(03):64.

[4]廖东泰.重新审视讲授法对高中语文课堂教学的价值[J].中国校外教育,2019(02):142-143.

[5]刘海波.高中语文教学中的"有效引导"方法研究[J].中国校外教育,2019(02):36-37.

[6]巩生平.试析高中语文教学与传统文化的契合[J].中国校外教育,2019(01):106.

[7]王春梅.浅谈优秀传统文化与高中语文教学的关系[J].中国新通信,2019,21(01):179.

[8]朱贺.论高中语文教学中传统文化的渗透[J].中国校外教育,2018(36):129-130.

[9]吴坤杰.高中语文学生审美素养的培养之我见[J].农家参谋,2018(24):137.

[10]虞保祥.论高中语文教学中传统文化的渗透[J].中国校外教育,2018(34):105-106.

[11]朱永金.高中语文教学中传统文化的渗透探讨[J].课程教育研究,2018(49):46.

[12]马康.浅谈高中语文教学中传统文化的渗透[J].文学教育(上),018(12):102-103.

[13]陈红霞,张桂霞."真语文"理念下高中语文古诗词教学摭谈[J].语文教学通讯·D刊(学术刊),2018(11):43-45.

[14]顾明.构建高中语文自主作文课堂的研究[J].语文教学通讯·D刊(学术刊),2018(11):52-54.

[15]杨晓莹,王金茂.高中语文教育要关注"文化复兴"的风向标[J].学语文,2018(06):11-12.

[16]郝斌.浅谈高中语文古典诗歌的学习[J].中国校外教育,2018(31):110.

[17]高媛.在高中语文教学中渗透传统文化[J].江苏教育,2018(83):63-64.

[18]宋广斌.论高中语文教学与传统文化的契合[J].华夏教师,2018(31):28-29.

[19]李诗波.高中语文课堂古诗审美与鉴赏的鼎新[J].文学教育(上),2018(11):58-59.

[20]王燕平.高中语文古典诗歌教学现状与对策探赜[J].成才之路,2018(31):29.

[21]连欣.浅谈如何将传统文化融进高中语文教学[J].课程教育研究,2018(44):50-51.

[22]郭美联.浅谈高中语文教学中传统文化的渗透[J].课程教育研究,2018(43):46-47.

[23]刘诗文.论高中语文教学中传统文化的渗透[J].华夏教师,2018(30):20.

[24]高毅鑫.基于优秀传统文化传承的高中语文学习[J].中国校外教育,2018(30):109.

[25]王昌波.民族精魂植根教育——浅谈高中语文教学中的传统文化渗透教育[J].语文教学通讯·D刊(学术刊),2018(10):38-40.

[26]张仁堂.高中语文核心素养背景下的语言文字教学研究[J].学周刊,2018(30):49-50.

[27]陈海燕.关于高中语文教育中传统文化的渗透研究[J].名师在线,2018(29):31-32.

[28]钟莉萍.高中语文教学中传统文化的渗透[J].江西教育,2018(30):17-18.

[29]何艳红.高中语文教学中传统文化渗透策略探赜[J].成才之路,2018(29):51.

[30]高歌.浅析如何在高中语文教学中渗透传统文化[J].课程教育研究,2018(40):52.

[31]黄蕾.新课改下高中语文教学中渗透"孝文化"课堂实践[J].中华少年,2018(02):202.

[32]洪楚钿.传统文化与高中作文教学[J].文学教育(上),2018(10):124-126.

[33]何永青.高中语文教学中弘扬中国传统文化的研究[J].西部素质教育,2018,4(18):236.

[34]陈莉静.中华传统文化融入高中语文教学的策略分析[J].西部素质教育,2018,4(18):242.

[35]王艳.高中语文教学中渗透传统文化的有效途径探索[J].中国校外教育,2018(27):108.

[36]孟晓庆.优秀传统文化在高中文言文教学中的传承与理解策略探索[J].华夏教师,2018(26):51-52.

[37]曾志辉.立足传统文化提高语文素养——论传统文化在高中语文教学中的渗透[J].中学语

文教学参考,2018(24):4-5+2.

[38]武碧烟.例谈语文课堂传承中华传统文化的有效措施[J].中学课程资源,2018(08):26-27.

[39]韩宝江.高中语文教科书中传统文化的呈现[J].新课程研究(上旬刊),2018(08):3-5.

[40]王炜.如何在语文课堂上融入传统文化[J].课程教育研究,2018(30):44.

[41]谢利伟.高中语文教学中渗透中国传统文化的价值与策略[J].汉字文化,2018(14):73+75.

[42]张燕.高中语文教学中传统文化的渗透研究[J].汉字文化,2018(14):74-75.

[43]刘国良.化作春泥更护花——浅议传统文化与高中语文教学的关系[J].基础教育论坛,2018(20):3-4.

[44]刘千秋,董小玉.国际视野下高中语文课标的新变化——基于课程理念和课程结构的解析[J].语文建设,2018(19):19-24.

[45]瞿秋云.高中语文教学中传统文化传承的困境与突破[J].科学大众(科学教育),2018(06):28-29.

[46]张晶.核心素养视域下的吴泓"高中语文专题式教学"研究[D].长春师范大学,2018.

[47]吴雅丽.高中语文传统文化课程开设的意义及教学策略[J].甘肃教育,2018(11):52.

[48]张小会.中学文言文课文的传统伦理文化建构研究[D].陕西师范大学,2018.

[49]刘晓宇.哈尔滨市高中文言文教学中传统文化教育研究[D].哈尔滨师范大学,2018.

[50]高娟.高中语文古代文化常识教学研究[D].河北师范大学,2018.

后　记

　　通过本书，我们主要概括性地讲解了以下三方面内容：其一，高中语文教育同传统文化教育之间具有密不可分的联系，传承和弘扬中华传统文化离不开语文教育这一主阵地，因此我们应当重视在高中语文教育中传承传统文化，积极挖掘高中语文教材中的传统文化元素，让语文学科肩负起传承传统文化的历史重任。其二，当前的高中语文教学对传统文化的重视不够，传统文化视野下的高中语文教学遇到了不少的困境与挑战，如教师的传统文化素养有待加强、教学目标的设置不够合理、教学方法的运用也不够合理与多样、课堂外的传统文化教育缺位等。当然，有挑战就有机遇，最近几年，国家愈发重视中华传统文化的传承问题，先后印发了《完善中华优秀传统文化教育指导纲要》《关于实施中华优秀传统文化传承发展工程的意见》等正式文件，为中华优秀传统文化的传承提供坚实的政策方面的支持。而2017年版的《普通高中语文课程标准》的印发更是为传统文化融入高中语文教学找到了出路。其三，在第三章和第四章中，笔者对第二章中所列举的困难与挑战等难题给予了有效的解决策略，并在第五章中给出了一个传统文化视野下高中语文教学案例，希望这些内容可以对高中语文教师同行的教学有一定的借鉴意义。

　　高中阶段是学生知识系统形成的关键时期，也是"三观"养成的重要阶段，高中的语文课堂教学应该一改传统的机械应试训练，回归中华民族的传统文化，让学生能够置身于充满文化、富有魅力、极具美感的语文课堂。时代在进步，科学在发展，这就更要求我们不能忘记民族的本源，不能偏离教育的航线。我们应该在传统文化视野下开展高中语文课堂教学，让学生在深入学习传统文化的过程中积累知识、传承文化、掌握技能、涵养精神，进而提高学生的民族文化认同感和归属感，强化学生的民族自豪感和责任感。在原有教学理论的基础上，语文课堂教学应该将"文化传承与理解"作为培养核心素养的重点。

在写作本书的过程中，笔者得到了许多教育同行的支持和鼓励，他们也提出了许多有益的建议和指导，笔者改进了不少的错误，在此深表感谢。同时，由于笔者自身的能力有限，文中不可避免地会有一些需要改进的地方，还望众位读者给予积极的指正。